誰でも簡単に話せる
中国語日常会話

―使えるコラボ型日常会話のフレーズだけ覚えよう―

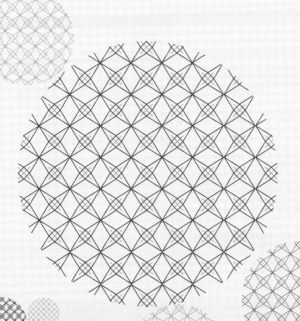

田中　英夫

朝日出版社

音声ダウンロード

 音声再生アプリ「リスニング・トレーナー」新登場（無料）

朝日出版社開発のアプリ、「リスニング・トレーナー（リストレ）」を使えば、教科書の音声をスマホ、タブレットに簡単にダウンロードできます。どうぞご活用ください。

まずは「リストレ」アプリをダウンロード

▶ App Store はこちら　　　▶ Google Play はこちら

アプリ【リスニング・トレーナー】の使い方

❶ アプリを開き、「コンテンツを追加」をタップ

❷ QRコードをカメラで読み込む

❸ QRコードが読み取れない場合は、画面上部に **45349** を入力し「Done」をタップします

QRコードは㈱デンソーウェーブの登録商標です

Webストリーミング音声

http://text.asahipress.com/free/ch/245349

はじめに

　筆者は大学の中国語教育現場で二十数年間初級と中級中国語科目を担当してきました。中国南方と北方の海外姉妹校での中国語夏季研修引率業務もほぼ毎年こなしてきました。今までの中国語教育人生を振り返ると、真剣に中国語学習に取組んできた学生諸君との接触を通じて、楽しいことがたくさんありました。

　しかし、中国語科目を履修した学生諸君は教科書の文法と本文内容が多すぎて覚えきれず、実際に中国人学生や中国から来た観光客および海外中国語夏季研修時に出会った現地の中国人との日常会話程度のコミュニケーションも簡単にできないといった悩みをしばしば耳にしました。せっかく大学で中国語科目を履修したのに、あらゆる場面における中国人との中国語による日常会話が思い通りにいかず、達成感を味わえない様子を目の当たりにして、『誰でも簡単に話せる中国語日常会話』という教科書を開発する仕事は、筆者がやり遂げなくてはならないという使命感に駆られています。

　日常会話で大事なのは、「相手に聞きたい」と「相手に伝えたい」ことです。筆者はこれまで中国語教科書を2冊開発して通信と通学教育現場で使ってきましたが、これまでの教科書開発経験を活かして、「易懂（分かり易い）、易説（話しやすい）、易听（聴きやすい）、易記（覚えやすい）」をモットーに中国語学習者を対象に、ネイティブ・スピーカーの発想で主要動詞（16個）と主要助詞・副詞・介詞・助動詞（9個）とのコラボで誰でも簡単に話せる日常会話に特化した教科書の開発構想を3年前から練ってきました。

　筆者はこのような教科書の開発構想を朝日出版社宇都宮佳子さんに伝えたところ、終始多大なご支援を頂いたので、関係者の努力で、この種の教科書としては比較的早く世に送ることができるようになり、誠に喜ばしいです。

　本教科書は以下のような特徴をもっています。

　日常会話に必要な中国語文法はそれほど難しくないが、発音はわりと難しいとよく言われています。中国語の発音学習は音節の仕組みを知ることが最も重要です。本教科書発音編では、中国語の音節の仕組みを体系的にまとめ、簡潔に解説したことが特徴の一つです。

　ネイティブ・スピーカーの発想でまとめた16個の主要動詞と9個の主要助詞・副詞・介詞・助動詞とのコラボで覚えやすいコラボ型日常会話のフレーズをまとめたことがもう一つの特徴です。

　教科書「発音編」と「会話編」の学習内容を消化するために、毎課の最後に「復習とまとめ」の二者択一クイズ式課題を考案したことも特徴のある試みです。

　上記の特徴をもつ本教科書は、今後中国人との交流を通じて、より実践的なコミュニケーション能力を養い、使えるコラボ型日常会話のフレーズを身につけることを願っています。

　本教科書の開発にあたっては、朝日出版社宇都宮佳子さんに編集実務を担当して頂き、心より感謝申し上げます。

　また、イラスト美術に造詣が深い梁志傑さん・夏寿淼さんは本教科書会話編イラストの提供など、多大なるお力添えを頂きました。友人として支援を惜しまれなかった両氏に厚くお礼を申し上げます。

　筆者として最善を尽くし細心の注意を払って本教科書を作ったつもりではありますが、気がつかないミスや不備なところもなおあるかも知れません。中国語教育界の叱正や利用される方から、忌憚のない貴重なご意見をお待ち申し上げます。

2020 年師走

著者

目　次

はじめに …………………………………………………………………………………… 3

目次 ………………………………………………………………………………………… 4

Ⅰ　本教科書での学び方 ………………………………………………………………… 10

　　一、発音編の学び方

　　二、会話編の学び方

　　三、課題編の学び方

Ⅱ　発音編 ………………………………………………………………………………… 14

　　一、基礎知識

　　　1．中国概況

　　　2．日中文化交流概況

　　　3．中国のことば

　　　　　（1）汉语（hànyǔ）とは？

　　　　　（2）普通话（pǔtōnghuà）とは？

　　　　　（3）简体字（jiǎntǐzì）とは？

　　　　　（4）汉语拼音（hànyǔ pīnyīn）とは？

　　　　　（5）音节（yīnjié）とは？

　　　　　（6）声调（shēngdiào）とは？

　　　　　（7）声調記号の付け方

　　二、母音

　　　1．単母音

　　　　　（1）単母音の発音

　　　　　（2）単母音の綴りの規則

　　　　　（3）単母音の発音練習

　　　2．複母音

　　　　　（1）複母音の発音

　　　　　（2）複母音の綴りの規則

　　　　　（3）複母音の発音練習

　　　3．n と ng を伴う母音

　　　　　（1）n と ng を伴う母音の発音

　　　　　（2）n と ng を伴う母音の綴りの規則

　　　　　（3）n と ng を伴う母音の発音練習

三、子音

  1．6つのグループに分かれる 21 個の子音

  2．子音の有気音と無気音

  3．「子音＋母音」で構成される音節の綴りの規則

  4．子音の発音練習

四、中国語「音節の綴りの規則」（まとめ）

  1．母音だけで音節になる場合

    （1）基本

      ①原形のまま（事例参照）

      ② i、u、ü が先頭にある場合（事例参照）

    （2）例外

      ①単母音の i と u は例外（事例参照）

      ② n と ng を伴う母音の in と ing も例外（事例参照）

  2．子音の後ろに一部の母音がつく場合

    （1）子音の後ろに母音 iou、uei、uen がつく場合（事例参照）

    （2）子音 j、q、x の後ろに母音 ü、üe、üan、ün がつく場合（事例参照）

五、発音編の「総合復習と発音練習のまとめ」

  1．母音の復習

  2．子音の復習

  3．その他の発音練習

    （1）「声調の組み合わせ」で発音練習

    （2）「早口言葉」で発音練習

    （3）「唐詩」で発音練習

  発音編（第 1 単元）「復習とまとめ」の二者択一クイズ式課題（その 1）

  発音編（第 1 単元）「復習とまとめ」の二者択一クイズ式課題（その 2）

Ⅲ　会話編

第一課　你是哪国人？ ………………………………………………………… 34

一、自己紹介型会話のフレーズ

二、自己紹介型会話に出た単語

三、中国語の豆知識

  1．中国人の苗字

  2．日本人の苗字

  3．国名

第一課（第 2 単元）「復習とまとめ」の二者択一クイズ式課題

第二課　你家有几口人? ·· 42

一、家族紹介型会話のフレーズ

二、家族紹介型会話に出た単語

三、中国語の豆知識

　1. 中国の親族呼称

　2. 中国の行政区

　3. 日本の行政区

第二課（第 2 単元）「復習とまとめ」の二者択一クイズ式課題

コラボ型会話（第三課～第十八課共通）で使う主要助詞・副詞・介詞・助動詞 ······ 50

第三課　徐小姐听了音乐吗? ·· 52

一、コラボ型会話のフレーズ

二、コラボ型会話に出た単語

三、中国語の豆知識

　1. 意味も発音も違う中国語の同じ漢字（その 1）

　2. 同じ漢字の日中比較（その 1）

第三課（第 3 単元）「復習とまとめ」の二者択一クイズ式課題

第四課　佐藤同学说了汉语吗? ·· 60

一、コラボ型会話のフレーズ

二、コラボ型会話に出た単語

三、中国語の豆知識

　1. 意味も発音も違う中国語の同じ漢字（その 2）

　2. 同じ漢字の日中比較（その 2）

第四課（第 3 単元）「復習とまとめ」の二者択一クイズ式課題

第五課　宋刚同学读了课本吗? ·· 68

一、コラボ型会話のフレーズ

二、コラボ型会話に出た単語

三、中国語の豆知識

　1. 意味も発音も違う中国語の同じ漢字（その 3）

　2. 同じ漢字の日中比較（その 3）

第五課（第 4 単元）「復習とまとめ」の二者択一クイズ式課題

第六課　内藤小姐写了信吗? ·· 76

一、コラボ型会話のフレーズ

二、コラボ型会話に出た単語

三、中国語の豆知識

　1．意味も発音も違う中国語の同じ漢字（その4）

　2．同じ漢字の日中比較（その4）

第六課（第4単元）「復習とまとめ」の二者択一クイズ式課題

第七課　铃木小姐吃了炒饭吗? ·· 84

一、コラボ型会話のフレーズ

二、コラボ型会話に出た単語

三、中国語の豆知識

　1．量詞で学ぶ中国語（その1）

　2．慣用句で学ぶ中国語（その1）

第七課（第5単元）「復習とまとめ」の二者択一クイズ式課題

第八課　老李喝了啤酒吗? ·· 92

一、コラボ型会話のフレーズ

二、コラボ型会話に出た単語

三、中国語の豆知識

　1．量詞で学ぶ中国語（その2）

　2．慣用句で学ぶ中国語（その2）

第八課（第5単元）「復習とまとめ」の二者択一クイズ式課題

第九課　赵小姐看了电影吗? ·· 100

一、コラボ型会話のフレーズ

二、コラボ型会話に出た単語

三、中国語の豆知識

　1．量詞で学ぶ中国語（その3）

　2．慣用句で学ぶ中国語（その3）

第九課（第6単元）「復習とまとめ」の二者択一クイズ式課題

第十課　王先生坐了飞机吗? ·· 108

一、コラボ型会話のフレーズ

二、コラボ型会話に出た単語

三、中国語の豆知識

　1．量詞で学ぶ中国語（その4）

　2．慣用句で学ぶ中国語（その4）

第十課（第6単元）「復習とまとめ」の二者択一クイズ式課題

第十一課　孫太太买了毛衣吗？ ··116

一、コラボ型会話のフレーズ

二、コラボ型会話に出た単語

三、中国語の豆知識

　1．コミュニケーションに役立つ挨拶語・常用文（その1）

　2．在中国日系企業の中国名（その1）

　3．中華料理シリーズ（その1）

第十一課（第7単元）「復習とまとめ」の二者択一クイズ式課題

第十二課　老刘卖了水果吗？ ··124

一、コラボ型会話のフレーズ

二、コラボ型会話に出た単語

三、中国語の豆知識

　1．コミュニケーションに役立つ挨拶語・常用文（その2）

　2．在中国日系企業の中国名（その2）

　3．中華料理シリーズ（その2）

第十二課（第7単元）「復習とまとめ」の二者択一クイズ式課題

第十三課　朱小姐借了钱吗？ ··132

一、コラボ型会話のフレーズ

二、コラボ型会話に出た単語

三、中国語の豆知識

　1．コミュニケーションに役立つ挨拶語・常用文（その3）

　2．在中国日系企業の中国名（その3）

　3．中華料理シリーズ（その3）

第十三課（第8単元）「復習とまとめ」の二者択一クイズ式課題

第十四課　小周还了辞典吗？ ··140

一、コラボ型会話のフレーズ

二、コラボ型会話に出た単語

三、中国語の豆知識

　1．コミュニケーションに役立つ挨拶語・常用文（その4）

　2．在中国日系企業の中国名（その4）

　3．中華料理シリーズ（その4）

第十四課（第8単元）「復習とまとめ」の二者択一クイズ式課題

第十五課　钱小姐来了日本吗? 148
一、コラボ型会話のフレーズ

二、コラボ型会話に出た単語

三、中国語の豆知識

  1．コミュニケーションに役立つ挨拶語・常用文（その5）

  2．日常生活用語シリーズ（その1）

第十五課（第9単元）「復習とまとめ」の二者択一クイズ式課題

第十六課　加藤女士去了中国吗? 156
一、コラボ型会話のフレーズ

二、コラボ型会話に出た単語

三、中国語の豆知識

  1．コミュニケーションに役立つ挨拶語・常用文（その6）

  2．日常生活用語シリーズ（その2）

第十六課（第9単元）「復習とまとめ」の二者択一クイズ式課題

第十七課　陈先生穿了西装吗? 164
一、コラボ型会話のフレーズ

二、コラボ型会話に出た単語

三、中国語の豆知識

  1．コミュニケーションに役立つ挨拶語・常用文（その7）

  2．日常生活用語シリーズ（その3）

第十七課（第10単元）「復習とまとめ」の二者択一クイズ式課題

第十八課　高桥先生脱了大衣吗? 172
一、コラボ型会話のフレーズ

二、コラボ型会話に出た単語

三、中国語の豆知識

  1．コミュニケーションに役立つ挨拶語・常用文（その8）

  2．日常生活用語シリーズ（その4）

第十八課（第10単元）「復習とまとめ」の二者択一クイズ式課題

単語索引 ➡ 会話編に出た単語のまとめ 180
一、会話編に出た「助詞・副詞・介詞・助動詞など」（表1参照）

二、会話編に出た代詞と主な主語呼称（表2参照）

三、会話編に出た「動詞とその目的語」（表3参照）

本教科書での学び方
～使えるコラボ型日常会話のフレーズだけ覚えよう～

一 発音編の学び方

　中国語の日常会話に必要な文法はそれほど難しくないが、発音はわりと難しいとよく言われています。

　中国語のピンイン（ローマ字表記）には 36 個の母音と 21 個の子音があります。母音だけの音節、「子音＋母音」で構成される音節を加えると中国語の音節は全部で 400 余りにもなります。中国語の学習では音節の仕組みを知ることが最も重要です。

　本教科書発音編（第 1 単元）では、中国語の音節の仕組みを体系的にまとめ、次表のように簡潔に解説したことが最大の特徴です。

中国語の音節の仕組み

1．母音だけで音節になる場合	（1）基本 ①　原型のまま ②　i、u、üが先頭にある場合	（2）例外 ①　「単母音」のiとuは例外 ②　「nとngを伴う母音」のinとingも例外
2．子音の後ろに母音がつく場合	（1）基本 　子音＋母音（原型のまま）	（2）例外 ①　子音の後ろに母音iou、uei、uenがつく場合 ②　子音j、q、xの後に母音ü、üe、üan、ünがつく場合

注：全ての事例説明は教科書発音編参照

発音編学習のねらい

　1．中国語の母音、子音、四声、軽声などを簡潔に解説し、正確な発音を習得します。

　2．中国語の音節の仕組みを体系的にまとめ、完全攻略法を身に付けます。

発音編学習のながれ

　1．中国語のピンイン（ローマ字表記）と声調記号などを学習します。

　2．中国語の簡体字と日本語漢字の差異などを教えます。

　3．中国語の音節の仕組みを解説し、完全攻略法を教えます。

　中国語のピンイン（ローマ字表記）が理解できても、発声や発音がなかなか難しい。教科書発音編での母音や子音の発音は、基本的なことではあるが、実際に教科書会話編で習得するのが早道です。四声と軽声については、発声方法を十分に習得していくと、教科書会話編での発声が容易です。

会話編の学び方

　日常の会話で大事なのは、「相手に聞きたい」と「相手に伝えたい」ことです。

　ネイティブ・スピーカーの発想でまとめた『誰でも簡単に話せる中国語日常会話』では、主要動詞（16個）と主要助詞・副詞・介詞・助動詞（9個）とのコラボで「使えるコラボ型日常会話のフレーズ」を学習します。

会話編のねらい

　中国語発音編を学習した学習者を対象に、「使えるコラボ型日常会話のフレーズ」を学び、誰でも簡単に話せる中国語日常会話のコツを身に付けます。

会話編のながれ

　1．会話編第一課と第二課は第2単元です。動詞「是 shì」と「有 yǒu」を学習し、「自己紹介型と家族紹介型日常会話のフレーズ」を学習します。

　2．会話編第三課〜第十八課は第3単元〜第10単元です。日常生活に最も使える16個の主要動詞「听 tīng（聴く）、说 shuō（話す）、读 dú（読む）、写 xiě（書く）、看 kàn（見る）、坐 zuò（乗る）、吃 chī（食べる）、喝 hē（飲む）、买 mǎi（買う）、卖 mài（売る）、借 jiè（借りる）、还 huán（返す）、来 lái（来る）、去 qù（行く）、穿 chuān（着る）、脱 tuō（脱ぐ）」を学びます。同時に、最も使える3個の主要助詞（吗 ma、了 le、过 guo）、4個の主要副詞（没 méi、不 bù、在 zài、也 yě）、1個の主要介詞（在 zài）、1個の主要助動詞（想 xiǎng）を学びます。

　3．ネイティブ・スピーカーの発想でまとめた16個の主要動詞と9個の主要助詞・副詞・介詞・助動詞とのコラボで「使えるコラボ型日常会話のフレーズ」を教えます。主要動詞「吃 chī（食べる）」を例として、「使えるコラボ型日常会話のフレーズ」を次表にまとめました。

「使えるコラボ型日常会話のフレーズ」事例一覧表

主要動詞	主要助詞 （吗・了・过）	主要副詞 （没・不・在・也）	主要介詞 （在）	主要助動詞 （想）
吃	她吃炒饭吗? 她吃了炒饭。 她吃过炒饭。	她不吃炒饭。 她没吃炒饭。 她在吃炒饭。 她也吃炒饭。	她在食堂吃炒饭。	她想吃炒饭。

注：中国語単語のピンインと日本語訳および全てのコラボ型フレーズは教科書会話編P84〜88参照

　上記の表に示された通り、動詞「吃（食べる）」という具体的なシチュエーションによる相手とのコミュニケーションを行う場合、動詞「吃（食べる）」と9個の主要助詞・副詞・介詞・助動詞との「使えるコラボ型日常会話のフレーズ」を使用すれば、簡単に実現できます。残りの単語は「吃（食べる）」の目的語「炒饭（チャーハン）など」と「吃（食べる）」の主語「她（彼女）など」を増やせば、必要最小限の「使えるコラボ型日常会話のフレーズ」を通じて、「相手に聞きたい」と「相手に伝えたい」ことが簡単にできます。

　このようなコラボ型中国語日常会話の教科書を開発するのは新しい試みですが、中国への関

心を深め、中国人とのコミュニケーションを簡単にとれることに少しでも役立てば幸いです。

　教科書会話編では、具体的なシチュエーションによる「使えるコラボ型日常会話のフレーズ」を用意しました。発音の習得はもちろんのこと、単語が自然と覚えられるようにしてあります。

　さらに、用法的に主要動詞とのコラボに用いる9個の主要「助詞・副詞・介詞・助動詞」については、次表のように P50・51 でまとめて説明してあります。

主要動詞とのコラボに用いる9個の主要「助詞・副詞・介詞・助動詞」（第三課～第十八課共通）			
		解　説	例　文
助詞	吗 ma	…か。疑問を表し、末尾に用いる。	她听音乐吗? ➡ 彼女は音楽を聴くのか？
	了 le	…した。動詞の後に置いて、動作がすでに完了を表す。	她听了音乐。 ➡ 彼女は音楽を聴いた。
	过 guo	…したことがある。すでになされていることを表す。	她听过音乐。 ➡ 彼女は音楽を聴いたことがある。
副詞	不 bù	…しない（…でない）。否定の意味を表す。後ろに第四声が続く場合、第二声に変調する。	她不听音乐。 ➡ 彼女は音楽を聴かない。 他不是（bú shì）日本人。 ➡ 彼は日本人ではない。
	没 méi	まだ…していない。否定の意味を表す。	她没听音乐。 ➡ 彼女は音楽を聴いていない。
	在 zài	…している。動作が進行中であることを表す。	她在听音乐。 ➡ 彼女は音楽を聴いている。
	也 yě	…も。同じであることを表す。	她也在听音乐。 ➡ 彼女も音楽を聴いている。
介詞	在 zài	…で。事柄の時間・地点・状況・範囲などを表す。	她在家里听音乐。 ➡ 彼女は家で音楽を聴く。
助動詞	想 xiǎng	…したい。…するつもりです。	她也想听音乐。 ➡ 彼女も音楽を聴きたい。

　教科書会話編のシチュエーションは主として第三課から第十八課までです。上記の表に示されたように、「コラボ型日常会話のフレーズ」はいくつかのパターン（主要動詞と主要助詞とのコラボ型パターンなど）に分けてまとめたので、それらの「コラボ型日常会話のフレーズ」を習得すれば、誰でも簡単に日常の会話が話せるようになります。

　なお、「中国語の豆知識」を第一課から第十八課まで用意してありますので、「コラボ型日常会話のフレーズ」と併せて覚えて欲しいです。

三 課題編の学び方

　教科書「発音編」と「会話編」の学習内容を復習するために、次表のような「復習とまとめ」の二者択一クイズ式課題があります。答えが正解であることも非常に大切ですが、反復練習して、中国語に慣れて欲しいです。

例：第一課（第2単元）「復習とまとめ」の二者択一クイズ式課題

> ## 次のAとB、正しいのはどっち？

自己紹介型会話のフレーズと中国語の豆知識を参考に、解答して下さい。（配点：5点×10問＝50点）

	A	B	解答
1.	俄罗斯 ➡ ロシア（日本語訳）	俄罗斯 ➡ スペイン（日本語訳）	
2.	あなたの名前は何と言いますか？ ➡ 你叫什么名字？（中国語訳）	あなたの名前は何と言いますか？ ➡ 你姓什么名字？（中国語訳）	
3.	あなたはどこの大学で留学しているのか？ ➡ 你在哪所大学留学？（中国語訳）	あなたはどこの大学で留学しているのか？ ➡ 你哪所大学在留学？（中国語訳）	
4.	您贵姓?	您贵叫?	
5.	あなたはどこの国の方ですか？ ➡ 你是哪国人？（中国語訳）	あなたはどこの国の方ですか？ ➡ 你哪国人是？（中国語訳）	
6.	我叫唐。	我姓唐。	
7.	彼も中国人ですか？ ➡ 他也是中国人吗？（中国語訳）	彼も中国人ですか？ ➡ 他是也中国人吗？（中国語訳）	
8.	诸葛 ➡ Zūgě（中国人苗字のピンイン）	诸葛 ➡ Zhūgě（中国人苗字のピンイン）	
9.	あなたは留学生ですか？ ➡ 你是留学生吗？（中国語訳）	あなたは留学生ですか？ ➡ 你留学生是吗？（中国語訳）	
10.	渡辺 ➡ 日本人苗字の中国語簡体字	渡边 ➡ 日本人苗字の中国語簡体字	

一 基礎知識

1 中国概況

　世界四大文明の1つである中国文明史は夏王朝（4000年以上前）にまで遡ることができます。

　1949年10月1日に中華人民共和国が建国され、1971年10月に開催された国連総会で中国代表権を認め、国連の安保理常任理事国として国際政治経済社会において大きな役割を果たしており、中国語（普通话 pǔtōnghuà と简体字 jiǎntǐzì ）も国連の6つの公用語の1つとして認められています。

　中国の国土面積は約960万平方キロメートルであり、日本の約26倍です。中国国家統計局2020年1月17日に発表した統計によれば、中国の人口は14億5万人に達しており、日本の約11倍です。

　中国は23省（遼寧省など）、5自治区（チベット自治区など）、4直轄市（上海市など）、2特別行政区（香港とマカオ）に分けられ、計34の1級行政区が存在しており、首都は北京です。

2 日中文化交流概況

　中国大陸との友好往来は、遣隋使派遣（西暦600年～618年）、遣唐使派遣（西暦630年～894年）、多くの苦難の末来日を果たし、日本における律宗の開祖となった鑑真和上の存在など、古代において3世紀に及びました。

　奈良時代の遣唐留学生「阿倍仲麻呂」が遭難死したと思った、中国盛唐時代の「詩仙」と称される李白は、「晁卿衡（阿倍仲麻呂の中国名）を哭す」と題する五言絶句を創り、両者の友情と日中文化交流関係を偲ぶことができます。

　日中両国は1972年の国交正常化と1978年の平和友好条約締結以来、あらゆる分野において戦略的互恵関係を発展させてきました。

　現在、日本の人々は中国の人々と接触する機会が頻繁になっています。中国語ができることは、より良い交流も可能となります。また、日本の企業においても中国語ができる人材を必要としています。

3 中国のことば

中国は56の民族を数える多民族国家であり、それぞれ固有の民族語を使って暮らしています。例えば、モンゴル族はモンゴル語を日常的な生活で使っています。

(1) 汉语（hànyǔ）とは？

私たちがこれから学ぶ中国語は総人口の約92%を占める漢民族（汉族 hànzú）が話している漢語「汉语 hànyǔ、または中文 zhōngwén」と呼ばれていることばです。

同じ漢民族が話すことばであっても、中国語（「汉语、または中文」）には地域によって大きな方言差があります。例えば、広東省、香港、マカオなどで使用される粤語（yuèyǔ）は全国には通じないので、通訳がいないと会話は成立しません。

(2) 普通话（pǔtōnghuà）とは？

普通话とは、中国全土に通じる標準語であり、中国北方地区のことば（北方方言）を基礎にしている56民族の共通言語（公用語）です。私たちがこれから学ぶ中国語はこの「普通话」であり、学んでおけば、中国のどこへ行っても困ることはないのです。

(3) 简体字（jiǎntǐzì）とは？

簡体字とは、1950年代に中華人民共和国で制定された字体体系です。従来の繁体字を独自に簡略した簡体字は中国大陸の公式の漢字であり、正式には簡化字（jiǎnhuàzì）と言います。日本の漢字と中国の簡体字を比較すれば、字形（字体）の異なるものが多いことがわかります（表1参照）。

表1　主な日本の漢字と中国の簡体字比較表

	日本の漢字	中国の簡体字		日本の漢字	中国の簡体字
1.	難題（なんだい）	难题（nántí）	11.	複雑（ふくざつ）	复杂（fùzá）
2.	電話（でんわ）	电话（diànhuà）	12.	標準（ひょうじゅん）	标准（biāozhǔn）
3.	確認（かくにん）	确认（quèrèn）	13.	機構（きこう）	机构（jīgòu）
4.	単純（たんじゅん）	单纯（dānchún）	14.	芸術（げいじゅつ）	艺术（yìshù）
5.	実際（じっさい）	实际（shíjì）	15.	沖縄（おきなわ）	冲绳（chōngshéng）
6.	動詞（どうし）	动词（dòngcí）	16.	華僑（かきょう）	华侨（huáqiáo）
7.	練習（れんしゅう）	练习（liànxí）	17.	売買（ばいばい）	买卖（mǎimài）
8.	職業（しょくぎょう）	职业（zhíyè）	18.	積極（せっきょく）	积极（jījí）
9.	漢語（かんご）	汉语（hànyǔ）	19.	連続（れんぞく）	连续（liánxù）
10.	節約（せつやく）	节约（jiéyuē）	20.	戦場（せんじょう）	战场（zhànchǎng）

また、日本と中国は、同じ漢字を使っていることでよく誤解が生じます。

〈日本語〉

例　汽车（qìchē）　➡　自動車
　　火车（huǒchē）　➡　汽車
　　爱人（àiren）　➡　配偶者
　　娘　（niáng）　➡　母親

さらに、日本語で使われていない漢字も使用しています。

例　你　（nǐ）　　　➡　「あなた」の意
　　们　（men）　　➡　「たち」の意
　　你们（nǐmen）　➡　「あなたたち」の意

(4) 汉语拼音（hànyǔ pīnyīn）とは？

　汉语拼音とは、1958年に中華人民共和国が制定した「漢語拼音方案」（中国語ピンイン方案）という中国語（普通话）のローマ字表記法を指します。その方案の策定と普及に関わった周有光（中国言語学者）氏は、「漢語拼音」の父と呼ばれています。

　中国の小学生は入学すると、まずこの「漢語拼音」を習います。また、中国の人名や地名をローマ字で表記する際に、国際標準になっており、英字新聞での表記や中国語辞典の発音表記も「漢語拼音」で示されています。したがって、「漢語拼音」をマスターすることは、中国語を身につけられる第一歩です。

例　北京市　Běijīngshì　➡　都市名　　上海市　Shànghǎishì　➡　都市名
　　周有光　Zhōu Yǒuguāng ➡ 人名　　张允和　Zhāng Yǔnhé ➡ 人名

(5) 音节（yīnjié）とは？

　中国語の音節とは、漢字1つ1つの「音の単位」を指します。中国語は1つの漢字が1つの音節をもっており、母音だけの音節もあれば、「子音＋母音」で構成される音節もあります。

① 母音だけの音節

例　耳　ěr　➡　耳
　　云　yún　➡　雲
　　雨　yǔ　➡　雨

② 「子音＋母音」で構成される音節

例　t（子音）＋ a（単母音）　　　　　　➡　tā（她）彼女
　　m（子音）＋ ai（複母音）　　　　　 ➡　mǎi（买）買う
　　f（子音）＋ an（nとngを伴う母音）➡　fàn（饭）ご飯

（6）声調（shēngdiào）とは？

　中国語の音節には、音の上がりと下がりのアクセントがあり、それを声調と言います。声調には4種類あるので、四声とも言います。

　4種類の声調を順に、第一声、第二声、第三声、第四声と呼んでおり、ピンイン（ローマ字表記）の母音の上にそれぞれ四つの声調記号をつけて区別します。

　第一声は、高く平らに発声します。声調記号は ￣ です。

　例　妈　mā　➡　お母さん

　第二声は、勢いよく上げて発声します。声調記号 ╱ です。

　例　麻　má　➡　麻

　第三声は、低く低く抑えてから上げて発声します。声調記号 ∨ です。

　例　马　mǎ　➡　馬

　第四声は、勢いよく下げて発声します。声調記号 ╲ です。

　例　骂　mà　➡　罵る

　また、四声のほかに、本来の声調が失われた軽声もあります。軽声は声調記号をつけないことで、短く軽く発音します。

　例　妈妈　māma　➡　お母さん
　　　　注: アンダーラインは軽声

　さらに、四声と軽声の発音を身につける練習法を紹介します。反復練習して、四声と軽声に慣れて欲しいです。

　例　妈妈骂马　māma mà mǎ　➡　お母さんは馬を叱りつける。

　最後に、第三声の連続を説明します。第三声が二つ連続する場合は、初めの第三声を第二声に変えて発音しますが、声調記号は第三声のままです。

　例　你好！ nǐ hǎo ➡ 你好！ ní hǎo　こんにちは！

（7）声調記号の付け方

　声調記号は原則として、次のような方法に従って付けられます。

① 母音が1つの場合は、迷わずにその母音の上に付けます。

　例　rè（热）➡ 熱い
　　　　fó（佛）➡ ほとけ（仏）

なお、iにつける時は上の点をとります。

例　yì（译）　➡　訳す

　　　qí（骑）　➡　またがって乗る

② 母音が２つ以上ある場合は、以下の方法で付けます。

aがあれば、逃さずにaの上に付けます。

例　mài（卖）　➡　売る　　　　　　zāng（脏）　➡　汚い

aがなければ、eかoの上に付けます。

例　duō（多）　➡　多い　　　　　　xuè（血）　➡　血

iとuが並べば、後ろの母音の上に付けます。

例　qiū（丘）　➡　丘　　　　　　　shuì（睡）　➡　寝る

二 母音

母音には、単母音(7個)、複母音（13個）、nとngを伴う母音（16個）があります。

1 単母音

(1) 単母音の発音

単母音は6個、それに「そり舌母音er」を加えて、全部で7個です。発音の要領とヒントは表2に示された通りです（表2参照）。

表2 単母音の発音要領とヒント　　🔊 001

7個の単母音		発音要領	発音ヒント
1.	a	唇を大きく開いて明るく発音	ア に近い
2.	o	唇を丸くして発音	オ に近い
3.	e	口を少し左右に開いて「エ」の口構えで喉の奥で「ウ」と発音	エゥ に近い
4.	i	唇を左右に引いて発音	イ に近い
5.	u	唇を丸めて口の奥から発音	ウ に近い
6.	ü	フルートを吹く時の口の構えで発音	イュ に近い
7.	er	舌をそり上げて発音	エァ に近い

(2) 単母音の綴りの規則

「i」「u」ü」で始まる単母音の音節は、それぞれ表3のように綴ります。

表3 単母音の綴りの規則

原型		綴りの規則で書き換えた音節	綴りの規則で書き換えた中国語単語	日本語訳
1.	i	yi	yí（移）	移す
2.	u	wu	wù（霧）	霧
3.	ü	yu	yǔ（雨）	雨

(3) 単母音の発音練習

表4のように単母音の「第一声～第四声」の発音練習をしましょう。

表4　単母音の「第一声～第四声」の発音練習

🔊 002

原型	第一声	第二声	第三声	第四声
a	ā	á	ǎ	à
o	ō	ó	ǒ	ò
e	ē	é	ě	è
i	yī	yí	yǐ	yì
u	wū	wú	wǔ	wù
ü	yū	yú	yǔ	yù
er	ēr	ér	ěr	èr

注：i, u, ü で始まる単母音の音節は、それぞれ yi, wu, yu に書き換えます。

2　複母音

単母音が２つ以上連なったものを、複母音といいます。複母音は全部で13個です。

(1) 複母音の発音

複母音の発音要領とヒントは表5に示された通りです。

表5　複母音の発音要領とヒント

🔊 003

13個の複母音		発音要領	発音ヒント
1.	ai	a は長くはっきりと発音するが、i は軽く曖昧に発音	アィ に近い
2.	ei	e は長くはっきりと発音するが、i は軽く曖昧に発音	エィ に近い
3.	ao	a は長くはっきりと明るく発音するが、o は軽く短く曖昧に発音	アォ に近い
4.	ou	o は長くはっきりと発音するが、o は軽く短く曖昧に発音	オゥ に近い
5.	ia	口の開きは i は小さく、a は大きく開けて発音	ィヤ に近い
6.	ie	先に i を発音し、すぐに滑らかに e へ移動して長く発音	ィエ に近い
7.	ua	口の開きは u は小さく、a は大きく開けて発音	ゥワ に近い
8.	uo	u は軽く短く発音するが、o は長くはっきりと発音	ゥオ に近い
9.	üe	先に口を小さく窄め ü を発音し、次に口を横に開いて e を発音	ュエ に近い
10.	iao	まず i を発音し、その後滑らかに ao に移動して発音	ィヤォ に近い
11.	iou	まず i を発音し、その後滑らかに ou に移動して発音	ィユゥ に近い
12.	uai	まず u を発音し、その後滑らかに ai に移動して発音	ゥワィ に近い
13.	uei	まず u を発音し、その後滑らかに ei に移動して発音	ゥエィ に近い

注：複母音では「e」を日本語カタカナの「エ」と発音します。

(2) 複母音の綴りの規則

「ia」「ie」「ua」「uo」「üe」「iao」「iou」「uai」「uei」で始まる複母音の音節は、それぞれ表6のように綴ります。

表6　複母音の綴りの規則

	原型	綴りの規則で書き換えた音節	綴りの規則で書き換えた中国語単語	日木語訳
1.	ia	ya	yá（牙）	歯
2.	ie	ye	yè（夜）	夜
3.	ua	wa	wǎ（瓦）	瓦
4.	uo	wo	wǒ（我）	私
5.	üe	yue	yuè（月）	月
6.	iao	yao	yāo（腰）	腰
7.	iou	you	yóu（油）	油
8.	uai	wai	wài（外）	外
9.	uei	wei	wèi（胃）	胃

(3) 複母音の発音練習

表7のように複母音の「第一声～第四声」の発音練習をしましょう。

表7　複母音の「第一声～第四声」の発音練習　🔊 004

原型	第一声	第二声	第三声	第四声
ai	āi	ái	ǎi	ài
ei	ēi	éi	ěi	èi
ao	āo	áo	ǎo	ào
ou	ōu	óu	ǒu	òu
ia	yā	yá	yǎ	yà
ie	yē	yé	yě	yè
ua	wā	wá	wǎ	wà
uo	wō	wó	wǒ	wò
üe	yuē	yué	yuě	yuè
iao	yāo	yáo	yǎo	yào
iou	yōu	yóu	yǒu	yòu
uai	wāi	wái	wǎi	wài
uei	wēi	wéi	wěi	wèi

注：i, u, ü で始まる複母音の音節はそれぞれ、y, w, yu に書き換えます。

3 nとngを伴う母音

n と ng を伴う母音は、全部で16個です。

(1) n と ng を伴う母音の発音

n と ng を伴う母音の発音要領とヒントは表8に示された通りです。

表8　nとngを伴う母音の発音要領とヒント　　🔊 005

16個のnとngを 伴う母音		発音要領	発音ヒント
1.	an	舌先を上の歯の裏に押し付けて発音	アン に近い
2.	en	舌先を上の歯の裏に押し付けて発音	エン に近い
3.	ang	口を大きく開いて発音	ア⤵ン に近い
4.	eng	少し口の奥のほうから発音	エ⤵ン に近い
5.	ong	唇を丸めて発音	オ⤵ン に近い
6.	ian	舌先を上の歯の裏につけて発音	イェン に近い
7.	in	舌先を上の歯の裏につけて発音	イン に近い
8.	iang	口を大きく開いて発音	イア⤵ン に近い
9.	ing	息を鼻に通して発音	イ⤵ン に近い
10.	iong	唇を窄めて発音	イオ⤵ン に近い
11.	uan	唇を丸く突き出して発音	ウアン に近い
12.	uen	唇を丸く突き出して発音	ウエン に近い
13.	uang	唇を丸く突き出して発音	ウア⤵ン に近い
14.	ueng	唇を丸く突き出して発音	ウエ⤵ン に近い
15.	üan	唇を窄めて発音	ユァン に近い
16.	ün	舌先を上の歯の裏につけて発音	ユン に近い

(2) nとngを伴う母音の綴りの規則

「ian」「in」「iang」「ing」「iong」「uan」「uen」「uang」「ueng」「üan」「ün」で始まる n と ng を伴う母音の音節は、それぞれ表9のように綴ります。

表9　nとngを伴う母音の綴りの規則

	原型	綴りの規則で書き換えた音節	綴りの規則で書き換えた中国語単語	日本語訳
1.	ian	yan	yàn（燕）	燕
2.	in	yin	yín（银）	銀
3.	iang	yang	yáng（羊）	羊

4.	ing	ying	yíng（赢）	勝つ
5.	iong	yong	yòng（用）	用いる
6.	uan	wan	wán（玩）	遊ぶ
7.	uen	wen	wén（蚊）	蚊
8.	uang	wang	wàng（忘）	忘れる
9.	ueng	weng	wēng（翁）	老人(男性)の通称
10.	üan	yuan	yuǎn（远）	遠い
11.	ün	yun	yún（云）	雲

（3）nとngを伴う母音の発音練習

表10のように n と ng を伴う母音の「第一声〜第四声」の発音練習をしましょう。

表10　nとngを伴う母音の「第一声〜第四声」の発音練習　◀)) 006

原型	第一声	第二声	第三声	第四声
an	ān	án	ǎn	àn
en	ēn	én	ěn	èn
ang	āng	áng	ǎng	àng
eng	ēng	éng	ěng	èng
ong	ōng	óng	ǒng	òng
ian	yān	yán	yǎn	yàn
in	yīn	yín	yǐn	yìn
iang	yāng	yáng	yǎng	yàng
ing	yīng	yíng	yǐng	yìng
iong	yōng	yóng	yǒng	yòng
uan	wān	wán	wǎn	wàn
uen	wēn	wén	wěn	wèn
uang	wāng	wáng	wǎng	wàng
ueng	wēng	wéng	wěng	wèng
üan	yuān	yuán	yuǎn	yuàn
ün	yūn	yún	yǔn	yùn

注：i, u, ü で始まる n と ng を伴う母音の音節はそれぞれ y, w, yu に書き換えます。但し、in と ingはそれぞれ yīn と yīng に書き換えます。

🔢 子音

　中国語の音節は、母音のみか母音と子音で構成されています。母音と子音で構成されている場合、子音は必ず音節の初めに来ます。中国語の「普通话（共通語）」には、21個の子音があります。

1 6つのグループに分かれる21個の子音

　子音は発音の部位によって、表11のような6つのグループに分かれます。

表11　6つのグループに分かれる21個の子音（発音要領とヒント）　🔊 007

グループ名		発音要領	発音ヒント
唇音（しんおん）	b (o)	息を破裂させないように発音	ボー に近い
	p (o)	息を破裂させて発音	ポー に近い
	m (o)	唇を少し突き出して発音	モー に近い
	f (o)	英語の f に近い発音	フォー に近い
舌尖音（ぜっせんおん）	d (e)	息を破裂させないように発音	ドゥー に近い
	t (e)	息を破裂させて発音	トゥー に近い
	n (e)	唇を引き締め舌先を上の歯の裏につけて発音	ヌー に近い
	l (e)	唇を引き締め舌先を上の歯の裏につけて発音	ルー に近い
舌根音（ぜっこんおん）	g (e)	息を破裂させないように発音	グー に近い
	k (e)	息を破裂させて発音	クー に近い
	h (e)	のどの奥から息を強く出して発音	フゥー に近い
舌面音（ぜつめんおん）	j (i)	息を破裂させないように発音	ジ に近い
	q (i)	息を破裂させて発音	チ に近い
	x (i)	口を左右に引いて発音	シ に近い
そり舌音（そりじたおん）	zh (i)	舌をそり上げて息を破裂させないように発音	ヅー に近い
	ch (i)	舌をそり上げて息を破裂させて発音	チィ に近い
	sh (i)	舌をそり上げて発音	シィ に近い
	r (i)	舌をそり上げて発音	リィ に近い
舌歯音（ぜっしおん）	z (i)	口を左右に引いて息を破裂させないように発音	ズ に近い
	c (i)	口を左右に引いて息を破裂させて発音	ツ に近い
	s (i)	口を左右に引いて発音	ス に近い

注：（　　）内の単母音は子音の発音を練習するために用います。

2 子音の有気音と無気音

中国語の子音には、有気音と無気音があります。発音の際に、強く息を出すのが有気音です。発音の際に、ほとんど息を出さないのが無気音です。

有気音と無気音は、全部で12個です（表12参照）。

■)) 008

表12　子音の有気音と無気音

有気音	p (o)	t (e)	k (e)	q (i)	ch (i)	c (i)
無気音	b (o)	d (e)	g (e)	j (i)	zh (i)	z (i)

3 「子音＋母音」で構成される音節の綴りの規則

「子音＋母音」で構成される中国語の音節を見ると、子音の後ろにつく母音は原型のままが基本です。しかし、例外として、子音の後ろに次のような母音がつく場合、綴りの規則があります。

(1)　子音の後ろに母音 iou、uei、uen がつく場合、音節の綴りの規則（P27・28 の事例参照）がありますので、よく理解して覚えましょう。

(2)　子音 j、q、x の後に母音 ü、üe、üan、ün がつく場合、ü の上の ¨（ウムラウト）を省略します（P28 の事例参照）。なお、j、q、x の後に単母音 u が続くことはありませんので、混同する恐れもありません。

4 子音の発音練習

表13のように子音の「第一声〜第四声」の発音練習をしましょう。

■)) 009

表13　子音の「第一声〜第四声」の発音練習

原型	第一声	第二声	第三声	第四声
b (o)	bō	bó	bǒ	bò
p (o)	pō	pó	pǒ	pò
m (o)	mō	mó	mǒ	mò
f (o)	fō	fó	fǒ	fò
d (e)	dē	dé	dě	dè
t (e)	tē	té	tě	tè
n (e)	nē	né	ně	nè
l (e)	lē	lé	lě	lè

発音編

g (e)	gē	gé	gě	gè
k (e)	kē	ké	kě	kè
h (e)	hē	hé	hě	hè
j (i)	jī	jí	jǐ	jì
q (i)	qī	qí	qǐ	qì
x (i)	xī	xí	xǐ	xì
zh (i)	zhī	zhí	zhǐ	zhì
ch (i)	chī	chí	chǐ	chì
sh (i)	shī	shí	shǐ	shì
r (i)	rī	rí	rǐ	rì
z (i)	zī	zí	zǐ	zì
c (i)	cī	cí	cǐ	cì
s (i)	sī	sí	sǐ	sì

注：（ ）内の単母音は子音の発音を練習するために用います。

四 中国語「音節の綴りの規則」（まとめ）

1 母音だけで音節になる場合

（1）基本

① 原型のまま

母音は原型のまま、音節になる場合があります（事例参照）。

事例　è ➡ 饿　ài ➡ 爱　ān ➡ 安　ēn ➡ 恩　ěr ➡ 耳

② i、u、ü が先頭にある場合

i ➡ y、u ➡ w、ü ➡ yuに書き換えます（事例参照）。

事例1　iou ➡ you　（原型は「複母音」の iou ）　yóu ➡ 油

事例2　uo ➡ wo　（原型は「複母音」の uo ）　wǒ ➡ 我

事例3　üe ➡ yue　（原型は「複母音」の üe ）　yuè ➡ 月

（2）例外

① 基本以外に、例外もあります。「単母音」の i と u は例外です（事例参照）。

事例1　i　➡ yi　（原型は「単母音」の i ）　yī ➡ 衣

事例2　u　➡ wu　（原型は「単母音」の u ）　wǔ ➡ 五

② 「n と ng を伴う母音」の in と ing も例外です（事例参照）。

事例1　in ➡ yin　（原型は「n と ng を伴う母音」の in ）　yīn ➡ 音

事例2　ing ➡ ying　（原型は「n と ng を伴う母音」の ing ）　yīng ➡ 英

2 子音の後ろに一部の母音がつく場合

「子音＋母音」で構成される中国語の音節を見ると、子音の後ろにつく母音は原型のままが基本です。しかし、次のような母音がつく場合、綴りの規則があります。

発音編

（1）子音の後ろに母音iou、uei、uenがつく場合（事例参照）

事例1　　n（子音）＋iou（複母音）➡ niú（牛）

解説：複母音のiouが子音と結合して音節を作ると、iouのように、まん中の母音
　　　が弱くなる（ただし、第3声の時はわりあい曖昧に聞こえる）ので、この
　　　ため、oを省略して綴ります。

事例2　　ch（子音）＋uei（複母音）➡ chuī（吹く）

解説：複母音のueiが子音と結合して音節を作ると、ueiのように、まん中の母音が
　　　弱くなる（ただし、第3声の時はわりあい曖昧に聞こえる）ので、このため、
　　　eを省略して綴ります。

事例3　　ch（子音）＋uen（ n と ng を伴う母音）➡ chūn（春）

解説：nとngを伴う母音のuenが子音と結合して音節を作ると、uenのように、ま
　　　ん中の母音が弱くなるので、このため、eを省略して綴ります。

（2）子音 j、q、x の後ろに母音ü、üe、üan、ünがつく場合、üの上の¨（ウムラウト）を省略します（事例参照）。j、q、xの後に単母音uが続くことはありませんので、混同する恐れはありません。

事例1　　j（子音）＋ü（単母音）➡ jú（局）

事例2　　j（子音）＋üe（複母音）➡ jué（決）

事例3　　q（子音）＋ün（ n と ng を伴う母音）➡ qún（群）

事例4　　x（子音）＋üan（ n と ng を伴う母音）➡ xūan（宣）

五 発音編の「総合復習と発音練習のまとめ」

1 母音の復習

母音は全部で36個（母音表参照）です。

中国語の母音表（36個）					◀》010

単母音（7個）	a	o	e		
	i (yi)	u (wu)	ü (yu)	er	
複母音（13個）	ai	ei	ao	ou	
	ia (ya)	ie (ye)	ua (wa)	uo (wo)	üe (yue)
	iao (yao)	iou (you)	uai (wai)	uei (wei)	
nとngを伴う母音（16個）	an	en	ang	eng	ong
	ian (yan)	in (yin)	iang (yang)	ing (ying)	iong (yong)
	uan (wan)	uen (wen)	uang (wang)	ueng (weng)	
	üan (yuan)	ün (yun)			

注：（　）は音節の綴りの規則で書き換えた母音だけの音節です。

2 子音の復習

子音は全部で21個（子音表参照）です。

中国語の子音表（21個）				◀》011

グループ名	無気音	有気音		
唇音（しんおん）	b (o)	p (o)	m (o)	f (o)
舌尖音（ぜっせんおん）	d (e)	t (e)	n (e)	l (e)
舌根音（ぜっこんおん）	g (e)	k (e)	h (e)	
舌面音（ぜつめんおん）	j (i)	q (i)	x (i)	
そり舌音（そりじたおん）	zh (i)	ch (i)	sh (i)	r (i)
舌歯音（ぜっしおん）	z (i)	c (i)	s (i)	

注：（　）内の単母音は子音の発音を練習するために用います。

(1)「声調の組み合わせ」で発音練習

　中国語はピンイン（ローマ字表記）の上に声調記号をつけて、漢字の意味を区別して発声しています。ここでは、発声練習用の「声調の組合せ表」（組合せ表参照）を作成しました。これは中国語のすべての発声パターンなので、四声や軽声をよく区別して中国語の発声に力を入れましょう。

声調の組合せ表　◀)) 012

	第一声	第二声	第三声	第四声	軽声
第一声	yīshēng 医生（医者）	sīchóu 丝绸（シルク）	Xiānggǎng 香港（香港）	yuēhuì 约会（デート）	yīfu 衣服（服）
第二声	xióngmāo 熊猫（パンダ）	Yúnnán 云南（雲南）	niúnǎi 牛奶（牛乳）	yuándàn 元旦（元旦）	qúnzi 裙子（スカート）
第三声	shǒudū 首都（首都）	Shěnyáng 沈阳（瀋陽）	shuǐguǒ 水果（果物）	Wǔhàn 武汉（武漢）	ěrduo 耳朵（耳）
第四声	shuìyī 睡衣（パジャマ）	qìyóu 汽油（ガソリン）	Shànghǎi 上海（上海）	shìjiè 世界（世界）	yuèliang 月亮（月）

(2)「早口言葉」で発音練習　◀)) 013

四是四，十是十。
Sì shì sì,　shí shì shí。
　➡ 4は4、10は10。

四不是十，十不是四。
Sì bú shì shí, shí bú shì sì。
　➡ 4は10ではなく、10は4ではない。

十四是十四，四十是四十。
Shí sì shì shí sì, sì shí shì sì shí。
　➡ 14は14、40は40。

十四不是四十，四十不是十四。
Shí sì bú shì sì shí, sì shí bú shì shí sì。
　➡ 14は40ではなく、40は14ではない。

注：筆者が『快音』（朝日出版社刊相原茂著）63頁を参考に作り直したものです。

春 暁 Chūn xiǎo　＜孟浩然＞

春 眠 不 觉 晓，
Chūn mián bù jué xiǎo,
➡　春眠 暁を覚えず、

处 处 闻 啼 鸟。
chù chù wén tí niǎo.
➡　処々 啼鳥を聞く。

夜 来 风 雨 声，
Yè lái fēng yǔ shēng,
➡　夜来 風雨の声、

花 落 知 多 少。
huā luò zhī duō shǎo.
➡　花落つること 知る多少。

発音編

次のAとB、正しいのはどっち？

教科書発音編の学習内容を参考に、解答して下さい。

（配点：5点×10問＝50点）

	A	B	解答
1.	中国南方地区のことばを基礎にする共通語 ➡ 普通话	中国北方地区のことばを基礎にする共通語 ➡ 普通话	
2.	阿倍仲麻呂 ➡ 遣隋留学生	阿倍仲麻呂 ➡ 遣唐留学生	
3.	妈妈　māmā ➡ 母親	妈妈　māma ➡ 母親	
4.	k(e) ➡ 子音の有気音	k(e) ➡ 子音の無気音	
5.	jú（局）➡ 子音 (j) ＋母音 (u) からなる音節 ➡ 母音 (u) の原型はü	jú（局）➡ 子音 (j) ＋母音 (u) からなる音節 ➡ 母音 (u) の原型はu	
6.	chūn（春）➡ 子音 (ch) ＋母音 (un) からなる音節 ➡ 母音 (un) の原型はuen	chūn（春）➡ 子音 (ch) ＋母音 (un) からなる音節 ➡ 母音 (un) の原型はuan	
7.	ei ➡ 複母音	er ➡ 複母音	
8.	艺术 ➡ 中国の簡体字	芸術 ➡ 中国の簡体字	
9.	chuī（吹く）➡ 子音 (ch) ＋母音 (ui) からなる音節 ➡ 母音 (ui) の原型はuei	chuī（吹）➡ 子音 (ch) ＋母音 (ui) からなる音節 ➡ 母音 (ui) の原型はuai	
10.	中国の特別行政区 ➡ 香港	中国の特別行政区 ➡ 上海	

発音編（第1単元）「復習とまとめ」の二者択一クイズ式課題（その2）

次のAとB、正しいのはどっち？

教科書発音編の学習内容を参考に、解答して下さい。

（配点．5点×10問＝50点）

発音編

	A	B	解答
1.	ài（愛） ➡ 複母音からなる音節（原型のまま）	ài（愛） ➡ nとngを伴う母音からなる音節（原型のまま）	
2.	yóu（油） ➡ 複母音からなる音節（原型はiou）	yóu（油） ➡ 複母音からなる音節（原型はyou）	
3.	yuè（月） ➡ 複母音からなる音節（原型はüe）	yuè（月） ➡ nとngを伴う母音からなる音節（原型はüe）	
4.	wǔ（五） ➡ 単母音からなる音節（原型はu）	wǔ（五） ➡ 複母音からなる音節（原型はu）	
5.	jué（決）➡ 子音（j）＋母音（ue）からなる音節 ➡ 母音（ue）の原型はüe	jué（決）➡ 子音（j）＋母音（ue）からなる音節 ➡ 母音（ue）の原型はue	
6.	yī（衣） ➡ 単母音からなる音節（原型はi）	yī（衣） ➡ 単母音からなる音節（原型はyi）	
7.	yīng（英） ➡ nとngを伴う母音からなる音節（原型はing）	yīng（英） ➡ nとngを伴う母音からなる音節（原型はying）	
8.	ēn（恩） ➡ nとngを伴う母音からなる音節（原型のまま）	ēn（恩） ➡ 複母音からなる音節（原型のまま）	
9.	qún（群）➡ 子音（q）＋母音（un）からなる音節 ➡ 母音（un）の原型はuen	qún（群）➡ 子音（q）＋母音（un）からなる音節 ➡ 母音（un）の原型はün	
10.	niú（牛）➡ 子音（n）＋母音（iu）からなる音節 ➡ 母音（iu）の原型はiu	niú（牛）➡ 子音（n）＋母音（iu）からなる音節 ➡ 母音（iu）の原型はiou	

注：採点方法は第1単元（発音編の課題その1とその2）の合計で100点（満点）

第一课　你是哪国人?

一 自己紹介型会話のフレーズ（その1）

🔊015

A 请问，您贵姓?
Qǐng wèn, nín guì xìng?
お尋ねしますが、お名前は何とおっしゃいますか?

B 我姓唐。
Wǒ xìng Táng.
私は唐と申します。

A 你叫什么名字?
Nǐ jiào shénme míngzi?
あなたの名前は何と言いますか?

B 我叫唐良。
Wǒ jiào Táng Liáng.
唐良と言います。

A 你是哪国人?
Nǐ shì nǎ guó rén?
あなたはどこの国の方ですか?

B 我是中国人。
Wǒ shì Zhōngguórén.
私は中国人です。

A 他也是中国人吗?

Tā yě shì Zhōngguórén ma?

彼も中国人ですか？

B 不是，他是日本人。

Bú shì, tā shì Rìběnrén.

いいえ、彼は日本人です。

A 你是留学生吗?

Nǐ shì liúxuéshēng ma?

あなたは留学生ですか？

B 是的，我是中国留学生。

Shì de, wǒ shì Zhōngguó liúxuéshēng.

そうです、私は中国人留学生です。

A 你在哪所大学留学?

Nǐ zài nǎ suǒ dàxué liúxué?

あなたはどこの大学で留学しているのか？

B 我在北洋大学留学。

Wǒ zài Běiyáng dàxué liúxué.

私は北洋大学で留学している。

第一課

自己紹介型会話に出た単語　🔊 017

1	请问	Qǐng wèn	あいさつ語	お尋ねします
2	您贵姓	Nín guì xìng	あいさつ語	お名前は何とおっしゃいますか？
3	我	wǒ	代詞	自分を称する。私・僕

解説 ➡ 接尾詞 → 们 men をつけると複数を表す。
例：我们 wǒmen ⇔ 私達

| 4 | 姓 | xìng | 動詞 | 〜と申す（…を姓とする） |

解説 ➡ 苗字のみを言う場合は "姓" を使う。
例：我姓唐。➡ 私は唐と申します。

| 5 | 你 | nǐ | 代詞 | 相手を称する。あなた・君（"您" は "你" の敬称） |

解説 ➡ 接尾詞 → 们 men をつけると複数を表す。
例：你们 nǐmen ⇔ あなた達

| 6 | 叫 | jiào | 動詞 | 〜と言う（…と称する） |

解説 ➡ フルネームで言う場合は "叫" を使う。
例：我叫唐良。➡ 私は唐良と言います。

7	什么	shénme	代詞	何・どんな（疑問を表す）
8	名字	míngzi	名詞	名前
9	是	shì	動詞	です（判断を表す）

例：她是中国人。➡ 彼女は中国人です。

10	哪	nǎ	代詞	どこ（疑問を表す）
11	哪国人	nǎ guó rén		どこの国の方
12	中国人	Zhōngguórén		中国人
13	他	tā	代詞	相手・自分以外の第三者の男性を称する。彼

解説 ➡ 接尾詞 → 们 men をつけると複数を表す。
例：他们 tāmen ⇔ 彼達

14	也	yě	副詞	〜も

解説 ➡ 同じであることを表す。

例：他也是中国人吗？ ➡ 彼も中国人ですか？

15	吗	ma	助詞	〜か

解説 ➡ 疑問を表し、末尾に用いる。

例：你是留学生吗？ ➡ あなたは留学生ですか？

16	不	bù	副詞	〜しない（…でない）

解説 ➡ 否定の意味を表す。後ろに第四声が続く場合、第二声に変調する。

例：他不是（bú shì）日本人。 ➡ 彼は日本人ではない。

17	日本人	Rìběnrén		日本人
18	留学生	liúxuéshēng	名詞	留学生
19	是的	shì de		そうです
20	在	zài	介詞	〜で

解説 ➡ 事柄の時間・地点・状況・範囲などを表す。

例：我在北洋大学留学。 ➡ 私は北洋大学で留学しています。

21	哪所	nǎ suǒ		どこの（…場所）

例：你在哪所大学留学？ ➡ あなたはどこの大学で留学しているのか？

22	北洋大学	Běiyáng dàxué		北洋大学
23	留学	liú xué		留学する

中国語の豆知識

1. 中国人の苗字

主な中国人苗字の「中国語簡体字とピンイン」一覧

簡体字	ピンイン	日本語漢字
赵	Zhào	趙（ちょう）
钱	Qián	銭（せん）
孙	Sūn	孫（そん）
李	Lǐ	李（り）
王	Wáng	王（おう）
张	Zhāng	張（ちょう）
周	Zhōu	周（しゅう）
唐	Táng	唐（とう）
朱	Zhū	朱（しゅ）
宋	Sòng	宋（そう）
韩	Hán	韓（かん）
陈	Chén	陳（ちん）
刘	Liú	劉（りゅう）
黄	Huáng	黄（こう）
徐	Xú	徐（じょ）
胡	Hú	胡（こ）
曹	Cáo	曹（そう）
诸葛	Zhūgě	諸葛（しょかつ）
欧阳	Ōuyáng	欧陽（おうよう）
上官	Shàngguān	上官（じょうかん）
司马	Sīmǎ	司馬（しば）

2. 日本人の苗字

主な日本人苗字の「中国語簡体字とピンイン」一覧

簡体字	ピンイン	日本語漢字
佐藤	Zuǒténg	佐藤（さとう）
田中	Tiánzhōng	田中（たなか）
铃木	Língmù	鈴木（すずき）
加藤	Jiāténg	加藤（かとう）
内藤	Nèiténg	内藤（ないとう）
高桥	Gāoqiáo	高橋（たかはし）
桥本	Qiáoběn	橋本（はしもと）
福田	Fútián	福田（ふくだ）
池田	Chítián	池田（いけだ）
山田	Shāntián	山田（やまだ）
山本	Shānběn	山本（やまもと）
坂本	Bǎnběn	坂本（さかもと）
渡边	Dùbiān	渡辺（わたなべ）
松坂	Sōngbǎn	松坂（まつざか）
佐佐木	Zuǒzuǒmù	佐々木（ささき）
久保田	Jiǔbǎotián	久保田（くぼた）
大久保	Dàjiǔbǎo	大久保（おおくぼ）
佐久间	Zuǒjiǔjiān	佐久間（さくま）
小笠原	Xiǎolìyuán	小笠原（おがさわら）
五十岚	Wǔshílán	五十嵐（いがらし）
长谷川	Chánggǔchuān	長谷川（はせがわ）

3. 国名

主な国名の「中国語簡体字とピンイン」一覧

簡体字	ピンイン	日本語
中国	Zhōngguó	中国（ちゅうごく）
日本	Rìběn	日本（にほん）
韩国	Hánguó	韓国（かんこく）
印度	Yìndù	インド
泰国	Tàiguó	タイ
越南	Yuènán	ベトナム
以色列	Yǐsèliè	イスラエル
美国	Měiguó	アメリカ
德国	Déguó	ドイツ
英国	Yīngguó	イギリス
法国	Fǎguó	フランス
意大利	Yìdàlì	イタリア
加拿大	Jiānádà	カナダ
俄罗斯	Éluósī	ロシア
西班牙	Xībānyá	スペイン
荷兰	Hélán	オランダ
瑞士	Ruìshì	スイス
南非	Nánfēi	南アフリカ
埃及	Āijí	エジプト
巴西	Bāxī	ブラジル
澳大利业	Àodàlìyà	オーストラリア

第一課（第2単元）「復習とまとめ」の二者択一クイズ式課題

次のAとB、正しいのはどっち？

自己紹介型会話のフレーズと中国語の豆知識を参考に、解答して下さい。（配点：5点×10問＝50点）

	A	B	解答
1.	俄罗斯 ➡ ロシア（日本語訳）	俄罗斯 ➡ スペイン（日本語訳）	
2.	あなたの名前は何と言いますか？ ➡ 你叫什么名字？（中国語訳）	あなたの名前は何と言いますか？ ➡ 你姓什么名字？（中国語訳）	
3.	あなたはどこの大学で留学しているのか？ ➡ 你在哪所大学留学？（中国語訳）	あなたはどこの大学で留学しているのか？ ➡ 你哪所大学在留学？（中国語訳）	
4.	您贵姓？	您贵叫？	
5.	あなたはどこの国の方ですか？ ➡ 你是哪国人？（中国語訳）	あなたはどこの国の方ですか？ ➡ 你哪国人是？（中国語訳）	
6.	我叫唐。	我姓唐。	
7.	彼も中国人ですか？ ➡ 他也是中国人吗？（中国語訳）	彼も中国人ですか？ ➡ 他是也中国人吗？（中国語訳）	
8.	诸葛 ➡ Zūgě（中国人苗字のピンイン）	诸葛 ➡ Zhūgě（中国人苗字のピンイン）	
9.	あなたは留学生ですか？ ➡ 你是留学生吗？（中国語訳）	あなたは留学生ですか？ ➡ 你留学生是吗？（中国語訳）	
10.	渡辺 ➡ 日本人苗字の中国語簡体字	渡边 ➡ 日本人苗字の中国語簡体字	

第一課

第二課 你家有几口人?

一 家族紹介型会話のフレーズ（その１）

🔊 019

A 你家在哪里?
Nǐ jiā zài nǎli?
あなたの実家（出身地）はどこですか？

B 在上海。
Zài Shànghǎi.
実家（出身地）は上海です。

A 你家有几口人?
Nǐ jiā yǒu jǐ kǒu rén?
ご家族は何人ですか？

B 有三口人。爸爸、妈妈和我。
Yǒu sān kǒu rén. Bàba、māma hé wǒ.
（家族は）三人です。父、母と私です。

A 你住哪里?
Nǐ zhù nǎli?
あなたはどこに住むのか？

B 我住家里。
Wǒ zhù jiāli.
私は家に住む。

一 家族紹介型会話のフレーズ（その2） 🔊 020

A 小张有兄弟姐妹吗？
Xiǎo Zhāng yǒu xiōngdìjiěmèi ma?
張さんには兄弟がいるのか？

B 他有两个妹妹。
Tā yǒu liǎngge mèimei.
彼には二人の妹がいる。

A 老王有没有兄弟姐妹？
Lǎo Wáng yǒuméiyǒu xiōngdìjiěmèi?
王さんには兄弟がいないのか？

B 他有三个弟弟。
Tā yǒu sānge dìdi.
彼には三人の弟がいる。

A 唐小姐有姐姐吗？
Táng xiǎojiě yǒu jiějie ma?
唐さんにはお姉さんがいるのか？

B 没有，她是独生女。
Méi yǒu, tā shì dúshēngnǚ.
いない、彼女は一人娘です。

A 周小姐也是独生女吗？
Zhōu xiǎojiě yě shì dúshēngnǚ ma?
周さんも一人娘ですか？

B 不是，她有一个哥哥。
Bú shì, tā yǒu yíge gēge.
いいえ、彼女には一人の兄がいる。

解説：
"有没有" は反復疑問文。「肯定（有）＋否定（没有）」の構成で「〜いるのか（いないのか）」の意味を表す。

1	家	jiā	名詞	家（家族）
2	在	zài	動詞	…にある…にいる

解説 ➡ 人や物がその位置にあることを表す。
例：我家在上海。➡ 私の実家（出身地）は上海にあります。

3	哪里	nǎli	代詞	どこ
4	上海	Shànghǎi	地名	上海（中国の都市名）
5	有	yǒu	動詞	…がいる　…がある（所有を表す）
6	住	zhù	動詞	…に住む
7	有没有	yǒuméiyǒu	反複疑問文	いませんか（いないのか）
8	几口人	jǐ kǒu rén		家族は何人

解説 ➡ ① 几は不定の数を表す。
例：你家有几口人。➡ あなたの家族は何人ですか？
解説 ➡ ② 口は量詞です。主として人に用いる。
例：我家有三口人。➡ 私は三人家族です。

9	爸爸	bàba	名詞	父親
10	妈妈	māma	名詞	母親
11	和	hé	接続詞	…と…
12	小张	Xiǎo Zhāng		張さん

解説 ➡ 中国語は苗字の前に "小" と "老" をつけると日本語の "さん" の意味になる。

13	兄弟姐妹	xiōngdìjiěmèi		兄弟
14	个	gè	量詞	個

解説 ➡ 量詞として用いられるときは軽声になる。
例：一个人 yíge rén ➡ 1人

15	两个妹妹	liǎngge mèimei		二人の妹

16	三个弟弟	sānge dìdi		三人の弟

17	唐小姐	Táng xiǎojiě		唐さん

解説 ➡ "小姐" は主に若い女性に対する呼称としての "～さん" という意味です。

18	她	tā	代詞	相手・自分以外の第三者の女性を称する。彼女

解説 ➡ 接尾詞 → 们 (men) をつけると複数を表す。她们 (tāmen) ⇔彼女達

例：她们是留学生。 ➡ 彼女達は留学生です。

19	独生女	dúshēngnǚ		一人娘

20	一个哥哥	yíge gēge		一人の兄

三 中国語の豆知識

1. 中国の親族呼称

中国の主な親族呼称の「中国語簡体字とピンイン」一覧（その1）　◼️)) 022

簡体字	ピンイン	日本語訳
爸爸	bàba	お父さん
父亲	fùqīn	父親
妈妈	māma	お母さん
母亲	mǔqīn	母親
哥哥	gēge	兄
姐姐	jiějie	姉
弟弟	dìdi	弟
妹妹	mèimei	妹
儿子	érzi	息子
女儿	nǚ'ér	娘
独生子	dúshēngzi	一人息子
独生女	dúshēngnǚ	一人娘
独生子女	dúshēng zǐnǚ	一人っ子
丈夫	zhàngfu	夫
妻子	qīzi	妻
爱人	àiren	配偶者（夫・妻）
祖父（爷爷）	zǔfù (yéye)	父方の祖父
祖母（奶奶）	zǔmǔ (nǎinai)	父方の祖母
外祖父（外公）	wàizǔfù (wàigōng)	母方の祖父
外祖母（外婆）	wàizǔmǔ (wàipó)	母方の祖母

簡体字	ピンイン	日本語訳
孙子	sūnzi	孫（息子の息子）
孙女	sūnnǚ	孫娘（息子の娘）
外孙	wàisūn	孫（娘の息子）
外孙女	wàisūnnǚ	孫娘（娘の娘）
侄子	zhízi	兄弟の息子
侄女	zhínǚ	兄弟の娘
外甥	wàisheng	姉妹の息子
外甥女	wàishengnǚ	姉妹の娘
伯父（伯母）	bófù (bómǔ)	父の兄（父の兄の妻）
叔叔（婶子）	shūshu (shěnzi)	父の弟（父の弟の妻）
姑姑	gūgu	父の姉妹
舅舅	jiùjiu	母の兄弟
姨妈	yímā	母の姉妹
堂哥	tánggē	父方の同姓の従兄
堂弟	tángdì	父方の同姓の従弟
堂姐	tángjiě	父方の同姓の従姉
堂妹	tángmèi	父方の同姓の従妹
表哥	biǎogē	母方の従兄
表弟	biǎodì	母方の従弟
表姐	biǎojiě	母方の従姉
表妹	biǎomèi	母方の従妹

第二課

2. 中国の行政区

主な中国行政区の「中国語簡体字とピンイン」一覧　　　　　　　🔊 024

簡体字	ピンイン	日本語漢字
北京市	Běijīngshì	北京市（ぺきんし）
天津市	Tiānjīnshì	天津市（てんしんし）
上海市	Shànghǎishì	上海市（しゃんはいし）
重庆市	Chóngqìngshì	重慶市（じゅうけいし）
辽宁省	Liáoníngshěng	遼寧省（りょうねいしょう）
新疆维吾尔自治区	Xīnjiāngwéiwú'ěrzìzhìqū	新疆（しんきょう）ウイグル自治区（じちく）
西藏自治区	Xīzàngzìzhìqū	チベット自治区（じちく）
香港特别行政区	Xiānggǎngtèbiéxíngzhèngqū	香港特別行政区（ほんこんとくべつぎょうせいく）

3. 日本の行政区

主な日本行政区の「中国語簡体字とピンイン」一覧　　　　　　　🔊 025

簡体字	ピンイン	日本語漢字
东京都	Dōngjīngdū	東京都
北海道	Běihǎidào	北海道
京都府	Jīngdūfǔ	京都府
大阪府	Dàbǎnfǔ	大阪府
爱知县	Àizhīxiàn	愛知県
冲绳县	Chōngshéngxiàn	沖縄県
神户市	Shénhùshì	神戸市
札幌市	Zháhuǎngshì	札幌市

第二課（第2単元）「復習とまとめ」の二者択一クイズ式課題

次のAとB、正しいのはどっち？

家族紹介型会話のフレーズと中国語の豆知識を参考に、解答して下さい。（配点：5点×10問＝50点）

	A	B	解答
1.	西藏 ➡ ウイグル（日本語訳）	西藏 ➡ チベット（日本語訳）	
2.	独生子女 ➡ 一人っ子（日本語訳）	独生子女 ➡ 一人娘（日本語訳）	
3.	ご家族は何人ですか？ ➡ 你家有几口人？（中国語訳）	ご家族は何人ですか？ ➡ 你有家几口人？（中国語訳）	
4.	小张 ➡ 張さん（日本語訳）	小张 ➡ 小さい張（日本語訳）	
5.	老王有没有兄弟姐妹？ ➡ 王さんには兄弟がいないのか？（日本語訳）	老王有没有兄弟姐妹？ ➡ 王さんには兄弟がいない。（日本語訳）	
6.	周さんも一人娘ですか？ ➡ 周小姐也是独生女吗？（中国語訳）	周さんも一人娘ですか？ ➡ 周小姐是独生女也吗？（中国語訳）	
7.	姉 ➡ 姐姐（中国語訳）	姉 ➡ 小姐（中国語訳）	
8.	两个妹妹 ➡ 二人の妹（日本語訳）	两个妹妹 ➡ 二番目の妹（日本語訳）	
9.	あなたの実家（出身地）はどこですか？ ➡ 你家在哪里？（中国語訳）	あなたの実家（出身地）はどこですか？ ➡ 你家哪里在？（中国語訳）	
10.	彼女には一人の兄がいる。 ➡ 她有一口哥哥。（中国語訳）	彼女には一人の兄がいる。 ➡ 她有一个哥哥。（中国語訳）	

注：採点方法は第2単元（会話編第一課と第二課）の合計で100点（満点）

第二課

コラボ型会話 (第三課～第十八課共通) で使う 主要助詞・副詞・介詞・助動詞

🔊 026

1 吗   ma   助詞   ～か

解説 ➡ 疑問を表し、末尾に用いる。
例：她听音乐吗? ➡ 彼女は音楽を聴くのか？

2 了   le   助詞   ～した

解説 ➡ 動詞の後に置いて、動作の完了を表す。
例：她听了音乐。 ➡ 彼女は音楽を聴いた。

3 过   guo   助詞   ～したことがある

解説 ➡ すでになされていることを表す。
例：她听过音乐。 ➡ 彼女は音楽を聴いたことがある。

4 不   bù   副詞   ～しない（～でない）

解説 ➡ 否定の意味を表す。
例：她不听音乐。 ➡ 彼女は音楽を聴かない。
後ろに第四声が続く場合、第二声に変調する。
例：他不是（bú shì）日本人。 ➡ 彼は日本人ではない。

5 没   méi   副詞   まだ～していない

解説 ➡ 否定の意味を表す。
例：她没听音乐。 ➡ 彼女は音楽を聴いていない。

6 在   zài   副詞   ～している

解説 ➡ 動作が進行中であることを表す。
例：她在听音乐。 ➡ 彼女は音楽を聴いている。

7	也	yě	副詞	〜も

解説 ➡ 同じであることを表す。

例：她也在听音乐。 ➡ 彼女も音楽を聴いている。

8	在	zài	介詞	〜で

解説 ➡ 事柄の時間・地点・状況・範囲などを表す。

例：她在家里听音乐。 ➡ 彼女は家で音楽を聴く。

9	想	xiǎng	助動詞	〜したい（〜するつもり）

例：她也想听音乐。 ➡ 彼女も音楽を聴きたい。

徐小姐听了音乐吗?

一 コラボ型会話のフレーズ（その1）　🔊 027

A 徐小姐听了音乐吗?
Xú xiǎojiě tīng le yīnyuè ma?
徐さんは音楽を聴いたのか？

B 她听了音乐。
Tā tīng le yīnyuè.
彼女は音楽を聴いた。

A 宋小姐也听了音乐吗?
Sòng xiǎojiě yě tīng le yīnyuè ma?
宋さんも音楽を聴いたのか？

B 她没听音乐。
Tā méi tīng yīnyuè.
彼女は音楽を聴いていない。

A 赵小姐听不听音乐?
Zhào xiǎojiě tīngbutīng yīnyuè?
趙さんは音楽を聴かないのか？

B 她不听音乐。
Tā bù tīng yīnyuè.
彼女は音楽を聴かない。

解説：
1. "听不听" は反復疑問文。「肯定（听）＋否定（不听）」の構成で「〜を聴くのか（聴かないのか）」の意味を表す。

一 コラボ型会話のフレーズ（その2）

A 李小姐在听音乐吗？

Lǐ xiǎojiě zài tīng yīnyuè ma?

李さんは音楽を聴いているのか？

B 她在听音乐。

Tā zài tīng yīnyuè.

彼女は音楽を聴いている。

A 钱小姐也在听音乐吗？

Qián xiǎojiě yě zài tīng yīnyuè ma?

銭さんも音楽を聴いているのか？

B 她也在听音乐。

Tā yě zài tīng yīnyuè.

彼女も音楽を聴いている。

A 孙小姐在不在听音乐？

Sūn xiǎojiě zàibuzài tīng yīnyuè?

孫さんは音楽を聴いていないのか？

B 她没在听音乐。

Tā méi zài tīng yīnyuè.

彼女は音楽を聴いていない。

解説：
2. "在不在" は 反複疑問文。「肯定（在）＋否定（不在）」の構成で「～しているのか（していないのか）」の意味を表す。

第三課

A 张小姐在哪里听音乐？
Zhāng xiǎojiě zài nǎli tīng yīnyuè?
張さんはどこで音楽を聴くのか？

B 她在家里听音乐。
Tā zài jiāli tīng yīnyuè.
彼女は家で音楽を聴く。

A 周小姐也在家里听音乐吗？
Zhōu xiǎojiě yě zài jiāli tīng yīnyuè ma?
周さんも家で音楽を聴くのか？

B 她也在家里听音乐。
Tā yě zài jiāli tīng yīnyuè.
彼女も家で音楽を聴く。

A 朱小姐在不在家里听音乐？
Zhū xiǎojiě zàibuzài jiāli tīng yīnyuè?
朱さんは家で音楽を聴くのか？

B 她没在家里听音乐。
Tā méi zài jiāli tīng yīnyuè.
彼女は家で音楽を聴いていない。

解説：
"在不在" は反復疑問文。「肯定（在）＋否定（不在)」の構成で「～でするのか」の意味を表す。

一 コラボ型会話のフレーズ（その４）

A 韩小姐听过音乐吗？

Hán xiǎojiě tīngguo yīnyuè ma?

韓さんは音楽を聴いたことがあるのか？

B 她听过音乐。

Tā tīngguo yīnyuè.

彼女は音楽を聴いたことがある。

A 陈小姐也听过音乐吗？

Chén xiǎojiě yě tīngguo yīnyuè ma?

陳さんも音楽を聴いたことがあるのか？

B 她没听过音乐。

Tā méi tīngguo yīnyuè.

彼女は音楽を聴いたことがない。

A 刘小姐也没听过音乐吗？

Liú xiǎojiě yě méi tīngguo yīnyuè ma?

劉さんも音楽を聴いたことがないのか？

B 不，她听过音乐。

Bù, tā tīngguo yīnyuè.

いいえ、彼女は音楽を聴いたことがある。

第三課

55

⊟ コラボ型会話のフレーズ（その5）

🔊 031

A 黄小姐想听音乐吗？

Huáng xiǎojiě xiǎng tīng yīnyuè ma?

黄さんは音楽を聴きたいのか？

B 她想听音乐。

Tā xiǎng tīng yīnyuè.

彼女は音楽を聴きたい。

A 胡小姐也想听音乐吗？

Hú xiǎojiě yě xiǎng tīng yīnyuè ma?

胡さんも音楽を聴きたいのか？

B 她也想听音乐。

Tā yě xiǎng tīng yīnyuè.

彼女も音楽を聴きたい。

A 曹小姐想不想听音乐？

Cáo xiǎojiě xiǎngbuxiǎng tīng yīnyuè?

曹さんは音楽を聴きたくないのか？

B 她不想听音乐。

Tā bù xiǎng tīng yīnyuè.

彼女は音楽を聴きたくない。

解説：
"想不想"は反複疑問文。「肯定（想）＋否定（不想）」の構成で「～をしたくないのか」の意味を表す。

二 コラボ型会話に出た単語 🔊 032

1	听	tīng	動詞	〜を聴く
2	音乐	yīnyuè	名詞	音楽
3	家	jiā	名詞	家
4	里	li	名詞	中（内部）

解説 ➡ 一定の範囲内を表す。

三 中国語の豆知識

1. 意味も発音も違う中国語の同じ漢字　その1

🔊 033

(1) <u>大</u>家 (dàjiā)　➡ みんな　　　<u>大</u>夫 (dàifu)　➡ 医師

(2) <u>调</u>皮 (tiáopí)　➡ わんぱくだ　　<u>调</u>查 (diàochá)　➡ 調査

(3) 倔<u>强</u> (juéjiàng)　➡ 強情だ　　<u>强</u>大 (qiángdà)　➡ 強大だ

(4) 首<u>都</u> (shǒudū)　➡ 首都　　　<u>都</u>对 (dōu duì)　➡ 全部正しい

(5) <u>还</u>债 (huán zhài)　➡ 借金を返す　<u>还</u>是 (háishì)　➡ それとも

(6) <u>便</u>利 (biànlì)　➡ 便利だ　　　<u>便</u>宜 (piányi)　➡ 値段が安い

2. 同じ漢字の日中比較　その1

同じ漢字でも中国語と日本語で意味や使い方に大きく違いがあるものについて解説する。

(1) 愛人 (あいじん) ……………………… 爱人 (àiren)

中国語の**爱人**は、男女を問わず正規の配偶者を指す。

(2) 曖昧 (あいまい) ……………………… 暧昧 (àimèi)

中国語の**暧昧**は、男女関係が疑われるという意味にも使う。

(3) 斡旋 (あっせん) ……………………… 斡旋 (wòxuán)

中国語の**斡旋**は、主に書き言葉で争いを調停することを言う。

(4) 品質 (ひんしつ) ……………………… 品质 (pǐnzhì)

中国語の**品质**は、品物の性質の他に、人の品性をも指す。

(5) 合同 (ごうどう) ……………………… 合同 (hétong)

中国語の**合同**は、契約という意味である。

第三課（第3単元）「復習とまとめ」の二者択一クイズ式課題

次のAとB、正しいのはどっち？

コラボ型会話のフレーズと中国語の豆知識を参考に、解答して下さい。 （配点：5点×10問＝50点）

	A	B	解答
1.	她不听音乐。 ➡ 彼女は音楽を聴かない。（日本語訳）	她不听音乐。 ➡ 彼女は音楽を聴いていない。（日本語訳）	
2.	彼女は音楽を聴いている。 ➡ 她在听音乐。（中国語訳）	彼女は音楽を聴いている。 ➡ 她听音乐在。（中国語訳）	
3.	大家 ➡ dàjiā（中国語ピンイン）	大家 ➡ dàijiā（中国語ピンイン）	
4.	还债 ➡ huán zhài（中国語ピンイン）	还债 ➡ hái zhài（中国語ピンイン）	
5.	胡さんも音楽を聴きたいのか？ ➡ 胡小姐也想听音乐吗?（中国語訳）	胡さんも音楽を聴きたいのか？ ➡ 胡小姐想听音乐也吗?（中国語訳）	
6.	爱人（àiren） ➡ 配偶者（日本語訳）	爱人（àiren） ➡ 愛人（日本語訳）	
7.	她没听音乐。 ➡ 彼女は音楽を聴かない。（日本語訳）	她没听音乐。 ➡ 彼女は音楽を聴いていない。（日本語訳）	
8.	彼女は音楽を聴いた。 ➡ 她听了音乐。（中国語訳）	彼女は音楽を聴いた。 ➡ 她了听音乐。（中国語訳）	
9.	合同 ➡ hétong（中国語ピンイン）	合同 ➡ hétóng（中国語ピンイン）	
10.	韓さんは音楽を聴いたことがあるのか？ ➡ 韩小姐听音乐过吗?（中国語訳）	韓さんは音楽を聴いたことがあるのか？ ➡ 韩小姐听过音乐吗?（中国語訳）	

佐藤同学**说**了汉语吗?

一 コラボ型会話のフレーズ（その１）

🔊 034

A
佐藤同学说了汉语吗?
Zuǒténg tóngxué shuō le hànyǔ ma?
佐藤さんは中国語を話したのか？

B
她说了汉语。
Tā shuō le hànyǔ.
彼女は中国語を話した。

A
田中同学也说了汉语吗?
Tiánzhōng tóngxué yě shuō le hànyǔ ma?
田中さんも中国語を話したのか？

B
她没说汉语。
Tā méi shuō hànyǔ.
彼女は中国語を話していない。

A
铃木同学说不说汉语?
Língmù tóngxué shuōbushuō hànyǔ?
鈴木さんは中国語を話さないのか？

B
她不说汉语。
Tā bù shuō hànyǔ.
彼女は中国語を話さない。

解説：
"说不说" は 反復疑問文。「肯定（说）＋否定（不说）」の構成で「〜を話すのか（話さないのか）」の意味を表す。

一 コラボ型会話のフレーズ（その２）

A 加藤同学在说汉语吗？
Jiāténg tóngxué zài shuō hànyǔ ma?
加藤さんは中国語を話しているのか？

B 她在说汉语。
Tā zài shuō hànyǔ.
彼女は中国語を話している。

A 内藤同学也在说汉语吗？
Nèiténg tóngxué yě zài shuō hànyǔ ma?
内藤さんも中国語を話しているのか？

B 她也在说汉语。
Tā yě zài shuō hànyǔ.
彼女も中国語を話している。

A 高桥同学在不在说汉语？
Gāoqiáo tóngxué zàibuzài shuō hànyǔ?
高橋さんは中国語を話していないのか？

B 她没在说汉语。
Tā méi zài shuō hànyǔ.
彼女は中国語を話していない。

一 コラボ型会話のフレーズ（その３）

A 桥本同学在哪里说汉语？

Qiáoběn tóngxué zài nǎli shuō hànyǔ?

橋本さんはどこで中国語を話すのか？

B 她在学校说汉语。

Tā zài xuéxiào shuō hànyǔ.

彼女は学校で中国語を話す。

A 福田同学也在学校说汉语吗？

Fútián tóngxué yě zài xuéxiào shuō hànyǔ ma?

福田さんも学校で中国語を話すのか？

B 她也在学校说汉语。

Tā yě zài xuéxiào shuō hànyǔ.

彼女も学校で中国語を話す。

A 池田同学在不在学校说汉语？

Chítián tóngxué zàibuzài xuéxiào shuō hànyǔ?

池田さんは学校で中国語を話すのか？

B 她不在学校说汉语。

Tā bú zài xuéxiào shuō hànyǔ.

彼女は学校で中国語を話さない。

一 コラボ型会話のフレーズ（その４）

A 山田同学说过汉语吗？
Shāntián tóngxué shuōguo hànyǔ ma?
山田さんは中国語を話したことがあるのか？

B 她说过汉语。
Tā shuōguo hànyǔ.
彼女は中国語を話したことがある。

A 山本同学也说过汉语吗？
Shānběn tóngxué yě shuōguo hànyǔ ma?
山本さんも中国語を話したことがあるのか？

B 她没说过汉语。
Tā méi shuōguo hànyǔ.
彼女は中国語を話したことがない。

A 坂本同学也没说过汉语吗？
Bǎnběn tóngxué yě méi shuōguo hànyǔ ma?
坂本さんも中国語を話したことがないのか？

B 不，她说过汉语。
Bù, tā shuōguo hànyǔ.
いいえ、彼女は中国語を話したことがある。

一 コラボ型会話のフレーズ（その５）

A 渡边同学想说汉语吗？

Dùbiān tóngxué xiǎng shuō hànyǔ ma?

渡辺さんは中国語を話したいのか？

B 她想说汉语。

Tā xiǎng shuō hànyǔ.

彼女は中国語を話したい。

A 松坂同学也想说汉语吗？

Sōngbǎn tóngxué yě xiǎng shuō hànyǔ ma?

松坂さんも中国語を話したいのか？

B 她也想说汉语。

Tā yě xiǎng shuō hànyǔ.

彼女も中国語を話したい。

A 佐久间同学想不想说汉语？

Zuǒjiǔjiān tóngxué xiǎngbuxiǎng shuō hànyǔ?

佐久間さんは中国語を話したくないのか？

B 她不想说汉语。

Tā bù xiǎng shuō hànyǔ.

彼女は中国語を話したくない。

二 コラボ型会話に出た単語

🔊 039

1	同学	tóngxué	名詞	同じ学校で学ぶ学生に対する呼称（「同窓・クラスメート・～さん」の意味）
2	说	shuō	動詞	～を話す
3	汉语	hànyǔ	名詞	中国語
4	学校	xuéxiào	名詞	学校

三 中国語の豆知識
1. 意味も発音も違う中国語の同じ漢字　その2

(1) 给养 (jǐyǎng) ➡ 軍隊で人馬を養う物資　　给面子 (gěi miànzi) ➡ メンツを立てる。

(2) 朝阳 (zhāoyáng) ➡ 朝日　　　　　　　　唐朝 (Tángcháo) ➡ 唐王朝

(3) 藏书 (cáng shū) ➡ 書籍を収蔵する。　　西藏 (Xīzàng) ➡ チベット（地名）

(4) 龟裂 (jūnliè) ➡ 地面がひび割れる。　　乌龟 (wūguī) ➡ カメ

(5) 单晓燕 (Shàn Xiǎoyàn) ➡ 单晓燕（人名）　单位 (dānwèi) ➡ 職場

(6) 解答 (jiědá) ➡ 質問に答える。　　　　解学恭 (Xiè Xuégōng) ➡ 解学恭（人名）

(7) 音乐 (yīnyuè) ➡ 音楽　　　　　　　　乐园 (lèyuán) ➡ 楽園

2. 同じ漢字の日中比較　その2

同じ漢字でも中国語と日本語で意味や使い方に大きく違いがあるものについて解説する。

(1) 結束 (けっそく) …………………… 结束 (jiéshù)

中国語の结束は、終わるという意味である。

(2) 経理 (けいり) …………………… 经理 (jīnglǐ)

中国語の经理は、支配人や部門の責任者を指す。

(3) 便宜 (べんぎ) …………………… 便宜 (piányi)

中国語の便宜は、値段が安いことを言う。

(4) 検討 (けんとう) …………………… 检讨 (jiǎntǎo)

中国語の检讨は、調べ考えるという意味の他に、反省することも指す。

(5) 汽車 (きしゃ) …………………… 汽车 (qìchē)

中国語の汽车は、自動車を指す。

次のAとB、正しいのはどっち？

コラボ型会話のフレーズと中国語の豆知識を参考に、解答して下さい。　（配点：5点×10問＝50点）

	A	B	解答
1.	彼女は中国語を話していない。 ➡ 她没说汉语。（中国語訳）	彼女は中国語を話していない。 ➡ 她不说汉语。（中国語訳）	
2.	音乐 ➡ yīnlè（中国語ピンイン）	音乐 ➡ yīnyuè（中国語ピンイン）	
3.	福田さんも学校で中国語を話すのか？ ➡ 福田同学也在学校说汉语吗?（中国語訳）	福田さんも学校で中国語を話すのか？ ➡ 福田同学在学校说汉语也吗?（中国語訳）	
4.	山田さんは中国語を話したことがあるのか？ ➡ 山田同学说过汉语吗?（中国語訳）	山田さんは中国語を話したことがあるのか？ ➡ 山田同学说汉语过吗?（中国語訳）	
5.	彼女は中国語を話した。 ➡ 她说了汉语。（中国語訳）	彼女は中国語を話した。 ➡ 她说汉语。（中国語訳）	
6.	检讨（jiǎntǎo） ➡ 検討する。（日本語訳）	检讨（jiǎntǎo） ➡ 反省する。（日本語訳）	
7.	松坂さんも中国語を話したいのか？ ➡ 松坂同学也想说汉语吗?（中国語訳）	松坂さんも中国語を話したいのか？ ➡ 松坂同学想说汉语也吗?（中国語訳）	
8.	便宜（piányi） ➡ 特別な計らい。（日本語訳）	便宜（piányi） ➡ 値段が安い。（日本語訳）	
9.	彼女は中国語を話している。 ➡ 她在说汉语。（中国語訳）	彼女は中国語を話している。 ➡ 她说汉语在。（中国語訳）	
10.	她说过汉语。 ➡ 彼女は中国語を話したことがある。（日本語訳）	她说过汉语。 ➡ 彼女は中国語を話した。（日本語訳）	

注：採点方法は第3単元（会話編第三課と第四課）の合計で100点（満点）

宋刚同学读了课本吗?

一 コラボ型会話のフレーズ（その1） 🔊 041

A 宋刚同学读了课本?
Sòng Gāng tóngxué dú le kèběn ma?
宋剛くんは教科書を読んだのか?

B 他读了课本。
Tā dú le kèběn.
彼は教科書を読んだ。

A 徐俊同学也读了课本吗?
Xú Jùn tóngxué yě dú le kèběn ma?
徐俊くんも教科書を読んだのか?

B 他没读课本。
Tā méi dú kèběn.
彼は教科書を読んでいない。

A 赵辉同学读不读课本?
Zhào Huī tóngxué dúbudú kèběn?
趙輝くんは教科書を読まないのか?

B 他不读课本。
Tā bù dú kèběn.
彼は教科書を読まない。

解説：
"读不读" は反複疑問文。「肯定（读）＋否定（不读）」の構成で「～を読むのか（読まないのか）」の意味を表す。

一 コラボ型会話のフレーズ（その２）

A 李毅同学在读课本吗？
Lǐ Yì tóngxué zài dú kèběn ma?
孳毅くんは教科書を読んでいるのか？

B 他在读课本。
Tā zài dú kèběn.
彼は教科書を読んでいる。

A 钱平同学也在读课本吗？
Qián Píng tóngxué yě zài dú kèběn ma?
銭平くんも教科書を読んでいるのか？

B 他也在读课本。
Tā yě zài dú kèběn.
彼も教科書を読んでいる。

A 孙茂同学在不在读课本？
Sūn Mào tóngxué zàibuzài dú kèběn?
孫茂くんは教科書を読んでいないのか？

B 他没在读课本。
Tā méi zài dú kèběn.
彼は教科書を読んでいない。

第五課

A 张吉荣同学在哪里读课本？

Zhāng Jíróng tóngxué zài nǎli dú kèběn?

張吉栄くんはどこで教科書を読むのか？

B 他在教室里读课本。

Tā zài jiàoshìli dú kèběn.

彼は教室内で教科書を読む。

A 周之林同学也在教室里读课本吗？

Zhōu Zhīlín tóngxué yě zài jiàoshìli dú kèběn ma?

周之林くんも教室内で教科書を読むのか？

B 他也在教室里读课本。

Tā yě zài jiàoshìli dú kèběn.

彼も教室内で教科書を読む。

A 朱彪同学在不在教室里读课本？

Zhū Biāo tóngxué zàibuzài jiàoshìli dú kèběn?

朱彪くんは教室内で教科書を読むのか？

B 他没在教室里读课本。

Tā méi zài jiàoshìli dú kèběn.

彼は教室内で教科書を読んでいない。

一 コラボ型会話のフレーズ（その４）

A 韩强同学读过课本吗？

Hán Qiáng tóngxué dúguo kèběn ma?

韓強くんは教科書を読んだことがあるのか？

B 他读过课本。

Tā dúguo kèběn.

彼は教科書を読んだことがある。

A 陈飞同学也读过课本吗？

Chén Fēi tóngxué yě dúguo kèběn ma?

陳飛くんも教科書を読んだことがあるのか？

B 他没读过课本。

Tā méi dúguo kèběn.

彼は教科書を読んだことがない。

A 刘云同学也没读过课本吗？

Liú Yún tóngxué yě méi dúguo kèběn ma?

劉雲くんも教科書を読んだことがないのか？

B 不，他读过课本。

Bù, tā dúguo kèběn.

いいえ、彼は教科書を読んだことがある。

第五課

71

A 黄健同学想读课本吗？
Huáng Jiàn tóngxué xiǎng dú kèběn ma?
黄健くんは教科書を読みたいのか？

B 他想读课本。
Tā xiǎng dú kèběn.
彼は教科書を読みたい。

A 胡鹏同学也想读课本吗？
Hú Péng tóngxué yě xiǎng dú kèběn ma?
胡鹏くんも教科書を読みたいのか？

B 他也想读课本。
Tā yě xiǎng dú kèběn.
彼も教科書を読みたい。

A 曹龙同学想不想读课本？
Cáo Lóng tóngxué xiǎngbuxiǎng dú kèběn?
曹龍くんは教科書を読みたくないのか？

B 他不想读课本。
Tā bù xiǎng dú kèběn.
彼は教科書を読みたくない。

■ コラボ型会話に出た単語　　🔊 046

1	读	dú	動詞	～を読む
2	课本	kèběn	名詞	教科書
3	教室里	jiàoshìli		教室内

三 中国語の豆知識

1. 意味も発音も違う中国語の同じ漢字 　その3

◀)) 047

(1) <u>会</u>议 (huìyì) ➡ 会議 　　　<u>会</u>计 (kuàijì) ➡ 会計

(2) <u>秘</u>鲁 (Bìlǔ) ➡ ペルー（国名）　<u>秘</u>密 (mìmì) ➡ 秘密

(3) <u>省</u>钱 (shěng qián) ➡ 金を節約する　反<u>省</u> (fǎnxǐng) ➡ 反省する

(4) <u>重</u>要 (zhòngyào) ➡ 重要 　　　<u>重</u>复 (chóngfù) ➡ 重複

(5) <u>校</u>长 (xiàozhǎng) ➡ 校長 　　　<u>校</u>对 (jiàoduì) ➡ 校正

(6) 部<u>长</u> (bùzhǎng) ➡ 部長 　　　<u>长</u>期 (chángqī) ➡ 長期

2. 同じ漢字の日中比較 　その3

同じ漢字でも中国語と日本語で意味や使い方に大きく違いがあるものについて解説する。

(1) 娘 (むすめ) ……………………… 娘 (niáng)

中国語の娘は、母親を指す。

(2) 湯 (ゆ) ……………………… 汤 (tāng)

中国語の汤は、スープを指す。

(3) 床 (ゆか) ……………………… 床 (chuáng)

中国語の床は、ベッドを指す。

(4) 本 (ほん) ……………………… 本 (běn)

中国語の本は、本などを数える1冊、2冊の単位を表す量詞である。

(5) 靴 (くつ) ……………………… 靴 (xuē)

中国語の靴は、ブーツを指す。

第五課（第4単元）「復習とまとめ」の二者択一クイズ式課題

次のAとB、正しいのはどっち？

コラボ型会話のフレーズと中国語の豆知識を参考に、解答して下さい。　（配点：5点×10問＝50点）

	A	B	解答
1.	他在读课本。 ➡ 彼は教科書を読んでいる。（日本語訳）	他在读课本。 ➡ 彼は教科書を読む。（日本語訳）	
2.	徐俊同学也读了课本吗? ➡ 徐俊くんも教科書を読んだのか？（日本語訳）	徐俊同学也读了课本吗? ➡ 徐俊くんも教科書を読むのか？（日本語訳）	
3.	娘（niáng） ➡ 娘（日本語訳）	娘（niáng） ➡ 母（日本語訳）	
4.	彼は教室内で教科書を読む。 ➡ 他在教室里读课本。（中国語訳）	彼は教室内で教科書を読む。 ➡ 他在教室里课本读。（中国語訳）	
5.	黄健くんは教科書を読みたいのか？ ➡ 黄健同学想读课本吗?（中国語訳）	黄健くんは教科書を読みたいのか？ ➡ 黄健同学读想课本吗?（中国語訳）	
6.	靴（xuē） ➡ ブーツ（日本語訳）	靴（xuē） ➡ くつ（日本語訳）	
7.	劉雲くんも教科書を読んだことがないのか？ ➡ 刘云同学也没读过课本吗?（中国語訳）	劉雲くんも教科書を読んだことがないのか？ ➡ 刘云同学没读过课本也吗?（中国語訳）	
8.	秘密 ➡ mìmì（中国語ピンイン）	秘密 ➡ bìmì（中国語ピンイン）	
9.	彼は教科書を読みたくない。 ➡ 他不想读课本。（中国語訳）	彼は教科書を読みたくない。 ➡ 他想读课本不。（中国語訳）	
10.	会计 ➡ huìjì（中国語ピンイン）	会计 ➡ kuàijì（中国語ピンイン）	

第五課

一 コラボ型会話のフレーズ（その１）

🔊 048

A 内藤小姐写了信吗？
Nèiténg xiǎojiě xiě le xìn ma?
内藤さんは手紙を書いたのか？

B 她写了信。
Tā xiě le xìn.
彼女は手紙を書いた。

A 田中小姐也写了信吗？
Tiánzhōng xiǎojiě yě xiě le xìn ma?
田中さんも手紙を書いたのか？

B 她没写信。
Tā méi xiě xìn.
彼女は手紙を書いていない。

A 铃木小姐写不写信？
Língmù xiǎojiě xiěbuxiě xìn?
鈴木さんは手紙を書かないのか？

B 她不写信。
Tā bù xiě xìn.
彼女は手紙を書かない。

解説：
"写不写" は反復疑問文。「肯定（写）＋否定（不写）」の構成で「～を書くのか（書かないのか）」の意味を表す。

76

一 コラボ型会話のフレーズ（その2）

🔊 049

A 加藤小姐在写信吗?
Jiāténg xiǎojiě zài xiě xìn ma?
加藤さんは手紙を書いているのか？

B 她在写信。
Tā zài xiě xìn.
彼女は手紙を書いている。

A 佐藤小姐也在写信吗?
Zuǒténg xiǎojiě yě zài xiě xìn ma?
佐藤さんも手紙を書いているのか？

B 她也在写信。
Tā yě zài xiě xìn.
彼女も手紙を書いている。

A 高桥小姐在不在写信?
Gāoqiáo xiǎojiě zàibuzài xiě xìn?
高橋さんは手紙を書いていないのか？

B 她没在写信。
Tā méi zài xiě xìn.
彼女は手紙を書いていない。

🔊 050

A 桥本小姐在哪里写信?
Qiáoběn xiǎojiě zài nǎli xiě xìn?
橋本さんはどこで手紙を書くのか？

B 她在家里写信。
Tā zài jiāli xiě xìn.
彼女は家で手紙を書く。

A 福田小姐也在家里写信吗?
Fútián xiǎojiě yě zài jiāli xiě xìn ma?
福田さんも家で手紙を書くのか？

B 她也在家里写信。
Tā yě zài jiāli xiě xìn.
彼女も家で手紙を書く。

A 池田小姐在不在家里写信?
Chítián xiǎojiě zàibuzài jiāli xiě xìn?
池田さんは家で手紙を書くのか？

B 她不在家里写信。
Tā bú zài jiāli xiě xìn.
彼女は家で手紙を書かない。

コラボ型会話のフレーズ（その４）

🔊 051

A 山田小姐写过信吗？
Shāntián xiǎojiě xiěguo xìn ma?
山田さんは手紙を書いたことがあるのか？

B 她写过信。
Tā xiěguo xìn.
彼女は手紙を書いたことがある。

A 山本小姐也写过信吗？
Shānběn xiǎojiě yě xiěguo xìn ma?
山本さんも手紙を書いたことがあるのか？

B 她没写过信。
Tā méi xiěguo xìn.
彼女は手紙を書いたことがない。

A 坂本小姐也没写过信吗？
Bǎnběn xiǎojiě yě méi xiěguo xìn ma?
坂本さんも手紙を書いたことがないのか？

B 不，她写过信。
Bù, tā xiěguo xìn.
いいえ、彼女は手紙を書いたことがある。

A

渡边小姐想写信吗?

Dùbiān xiǎojiě xiǎng xiě xìn ma?

渡辺さんは手紙を書きたいのか？

B

她想写信。

Tā xiǎng xiě xìn.

彼女は手紙を書きたい。

A

松坂小姐也想写信吗?

Sōngbǎn xiǎojiě yě xiǎng xiě xìn ma?

松坂さんも手紙を書きたいのか？

B

她也想写信。

Tā yě xiǎng xiě xìn.

彼女も手紙を書きたい。

A

佐久间小姐想不想写信?

Zuǒjiǔjiān xiǎojiě xiǎngbuxiǎng xiě xìn?

佐久間さんは手紙を書きたくないのか？

B

她不想写信。

Tā bù xiǎng xiě xìn.

彼女は手紙を書きたくない。

二 コラボ型会話に出た単語  🔊 053

| 1 | 写 | xiě | 動詞 | ～を書く |
| 2 | 信 | xìn | 名詞 | 手紙 |

三 中国語の豆知識

1. 意味も発音も違う中国語の同じ漢字　その4

🔊 054

(1) 自传 (zìzhuàn) ➡ 自伝　　　　传统 (chuántǒng) ➡ 伝統

(2) 没有 (méi yǒu) ➡ ありません　　没收 (mòshōu) ➡ 財物を差し押さえる

(3) 游说 (yóushuì) ➡ 遊説　　　　小说 (xiǎoshuō) ➡ 小説

(4) 红色 (hóngsè) ➡ 赤い色　　　女红 (nǚgōng) ➡ 女性がする針仕事

(5) 扒皮 (bā pí) ➡ 皮をはぐ　　　扒手 (páshǒu) ➡ すり

(6) 参加 (cānjiā) ➡ 参加　　　　人参 (rénshēn) ➡ 朝鮮人参

2. 同じ漢字の日中比較　その4

同じ漢字でも中国語と日本語で意味や使い方に大きく違いがあるものについて解説する。

(1) 猪 (いのしし) ・・・・・・・・・・・・・・・・・・・・・・　猪 (zhū)

　中国語の猪は、豚を指す。

(2) 課 (か) ・・・・・・・・・・・・・・・・・・・・・・・・・・・　课 (kè)

　中国語の课は、教科書の区切り以外に授業のことも言う。

(3) 命 (いのち) ・・・・・・・・・・・・・・・・・・・・・・・・　命 (mìng)

　中国語の命には、運命という意味もある。

(4) 牙 (きば) ・・・・・・・・・・・・・・・・・・・・・・・・・・　牙 (yá)

　中国語では人間の歯も牙という。歯を治療する診療科は牙科となる。

(5) 絆 (きずな) ・・・・・・・・・・・・・・・・・・・・・・・・　绊 (bàn)

　中国語の绊は物が足にからみつくという意味を持っており、よく

　"绊脚石" (bànjiǎoshí、じゃまもの) という単語で使われている。

次のAとB、正しいのはどっち？

コラボ型会話のフレーズと中国語の豆知識を参考に、解答して下さい。　（配点：5点×10問＝50点）

	A	B	解答
1.	她写了信。 ➡ 彼女は手紙を書いた。（日本語訳）	她写了信。 ➡ 彼女は手紙を書く。（日本語訳）	
2.	坂本さんも手紙を書いたことがないのか？ ➡ 坂本小姐也没写过信吗？（中国語訳）	坂本さんも手紙を書いたことがないのか？ ➡ 坂本小姐没写过信也吗？（中国語訳）	
3.	猪（zhū） ➡ 豚（日本語訳）	猪（zhū） ➡ 猪（日本語訳）	
4.	渡辺さんは手紙を書きたいのか？ ➡ 渡辺小姐想写信吗？（中国語訳）	渡辺さんは手紙を書きたいのか？ ➡ 渡辺小姐写想信吗？（中国語訳）	
5.	她想写信。 ➡ 彼女は手紙を書きたい。（日本語訳）	她想写信。 ➡ 彼女は手紙を書く。（日本語訳）	
6.	彼女は手紙を書いていない。 ➡ 她没写信。（中国語訳）	彼女は手紙を書いていない。 ➡ 她不写信。（中国語訳）	
7.	扒手 ➡ bāshǒu（中国語ピンイン）	扒手 ➡ páshǒu（中国語ピンイン）	
8.	彼女は家で手紙を書かない。 ➡ 她不在家里写信。（中国語訳）	彼女は家で手紙を書かない。 ➡ 她在家里写信不。（中国語訳）	
9.	没收 ➡ méishōu（中国語ピンイン）	没收 ➡ mòshōu（中国語ピンイン）	
10.	佐久間さんは手紙を書きたくないのか？ ➡ 佐久間小姐不想写信想？（中国語訳）	佐久間さんは手紙を書きたくないのか？ ➡ 佐久間小姐想不想写信？（中国語訳）	

注：採点方法は第4単元（会話編第五課と第六課）の合計で100点（満点）

第六課

铃木小姐吃了炒饭吗?

一 コラボ型会話のフレーズ（その1）

🔊 055

A 铃木小姐吃了炒饭吗?
Língmù xiǎojiě chī le chǎofàn ma?
鈴木さんはチャーハンを食べたのか？

B 她吃了炒饭。
Tā chī le chǎofàn.
彼女はチャーハンを食べた。

A 田中小姐也吃了炒饭吗?
Tiánzhōng xiǎojiě yě chī le chǎofàn ma?
田中さんもチャーハンを食べたのか？

B 她没吃炒饭。
Tā méi chī chǎofàn.
彼女はチャーハンを食べていない。

A 佐藤小姐吃不吃炒饭?
Zuǒténg xiǎojiě chībuchī chǎofàn?
佐藤さんはチャーハンを食べないのか？

B 她不吃炒饭。
Tā bù chī chǎofàn.
彼女はチャーハンを食べない。

解説：
"吃不吃" は反復疑問文。「肯定（吃）＋否定（不吃）」の構成で「〜を食べるのか（食べないのか）」の意味を表す。

一 コラボ型会話のフレーズ（その2）

🔊 056

A 加藤小姐在吃炒饭吗？

Jiāténg xiǎojiě zài chī chǎofàn ma?

加藤さんはチャーハンを食べているのか？

B 她在吃炒饭。

Tā zài chī chǎofàn.

彼女はチャーハンを食べている。

A 内藤小姐也在吃炒饭吗？

Nèiténg xiǎojiě yě zài chī chǎofàn ma?

内藤さんもチャーハンを食べているのか？

B 她也在吃炒饭。

Tā yě zài chī chǎofàn.

彼女もチャーハンを食べている。

A 高桥小姐在不在吃炒饭？

Gāoqiáo xiǎojiě zàibuzài chī chǎofàn?

高橋さんはチャーハンを食べていないのか？

B 她没在吃炒饭。

Tā méi zài chī chǎofàn.

彼女はチャーハンを食べていない。

━ コラボ型会話のフレーズ（その３）

🔊 057

A 桥本小姐在哪里吃炒饭？

Qiáoběn xiǎojiě zài nǎli chī chǎofàn?

橋本さんはどこでチャーハンを食べるのか？

B 她在食堂吃炒饭。

Tā zài shítáng chī chǎofàn.

彼女は食堂でチャーハンを食べる。

A 福田小姐也在食堂吃炒饭吗？

Fútián xiǎojiě yě zài shítáng chī chǎofàn ma?

福田さんも食堂でチャーハンを食べるのか？

B 她也在食堂吃炒饭。

Tā yě zài shítáng chī chǎofàn.

彼女も食堂でチャーハンを食べる。

A 池田小姐在不在食堂吃炒饭？

Chítián xiǎojiě zàibuzài shítáng chī chǎofàn?

池田さんは食堂でチャーハンを食べるのか？

B 她不在食堂吃炒饭。

Tā bú zài shítáng chī chǎofàn.

彼女は食堂でチャーハンを食べない。

一 コラボ型会話のフレーズ（その４）

🔊 058

A 山田小姐吃过炒饭吗？
Shāntián xiǎojiě chīguo chǎofàn ma?
山田さんはチャーハンを食べたことがあるのか？

B 她吃过炒饭。
Tā chīguo chǎofàn.
彼女はチャーハンを食べたことがある。

A 山本小姐也吃过炒饭吗？
Shānběn xiǎojiě yě chīguo chǎofàn ma?
山本さんもチャーハンを食べたことがあるのか？

B 她没吃过炒饭。
Tā méi chīguo chǎofàn.
彼女はチャーハンを食べたことがない。

A 坂本小姐也没吃过炒饭吗？
Bǎnběn xiǎojiě yě méi chīguo chǎofàn ma?
坂本さんもチャーハンを食べたことがないのか？

B 不，她吃过炒饭。
Bù, tā chīguo chǎofàn.
いいえ、彼女はチャーハンを食べたことがある。

一 コラボ型会話のフレーズ（その５）

A 渡边小姐想吃炒饭吗？

Dùbiān xiǎojiě xiǎng chī chǎofàn ma?

渡辺さんはチャーハンを食べたいのか？

B 她想吃炒饭。

Tā xiǎng chī chǎofàn.

彼女はチャーハンを食べたい。

A 松坂小姐也想吃炒饭吗？

Sōngbǎn xiǎojiě yě xiǎng chī chǎofàn ma?

松坂さんもチャーハンを食べたいのか？

B 她也想吃炒饭。

Tā yě xiǎng chī chǎofàn.

彼女もチャーハンを食べたい。

A 佐久间小姐想不想吃炒饭？

Zuǒjiǔjiān xiǎojiě xiǎngbuxiǎng chī chǎofàn?

佐久間さんはチャーハンを食べたくないのか？

B 她不想吃炒饭。

Tā bù xiǎng chī chǎofàn.

彼女はチャーハンを食べたくない。

1	吃	chī	動詞	～を食べる
2	炒饭	chǎofàn	名詞	チャーハン
3	食堂	shítáng	名詞	食堂

第七課

三 中国語の豆知識

1. 量詞で学ぶ中国語　その1

🔊 061

1〜100までの数字

一 (yī)　　二 (èr)　　三 (sān)　　四 (sì)　　五 (wǔ)　　六 (liù)　　七 (qī)

八 (bā)　　九 (jiǔ)　　十 (shí)　　十一 (shíyī)　　二十一 (èrshiyī)

五十三 (wǔshisān)　　九十九 (jiǔshijiǔ)　　一百 (yìbǎi)

実例（その1）

(1) 台 (tái)　　➡ 台　　　例：一台 电视机 (diànshìjī)　➡ 1台のテレビ

(2) 条 (tiáo)　　➡ 本　　　例：一条 项链 (xiàngliàn)　➡ 1本のネックレス

(3) 只 (zhī)　　➡ 匹　　　例：三只 猫 (māo)　➡ 3匹の猫

(4) 头 (tóu)　　➡ 頭　　　例：四头 牛 (niú)　➡ 4頭の牛

(5) 本 (běn)　　➡ 冊　　　例：五本 书 (shū)　➡ 5冊の本

2. 慣用句で学ぶ中国語　その1

🔊 062

(1) 拍马屁 (pāi mǎpì)　　➡ おべっかを使う。

(2) 泼冷水 (pō lěngshuǐ)　　➡ 水をさす。

(3) 开绿灯 (kāi lǜdēng)　　➡ 許可する。

(4) 开夜车 (kāi yèchē)　　➡ 徹夜して仕事や勉強をする。

(5) 掏腰包 (tāo yāobāo)　　➡ 自腹を切る。

第七課（第5単元）「復習とまとめ」の二者択一クイズ式課題

次のAとB、正しいのはどっち？

コラボ型会話のフレーズと中国語の豆知識を参考に、解答して下さい。　　（配点：5点×10問＝50点）

	A	B	解答
1.	她不吃炒饭。 ➡ 彼女はチャーハンを食べない。（日本語訳）	她不吃炒饭。 ➡ 彼女はチャーハンを食べていない。（日本語訳）	
2.	彼女もチャーハンを食べたい。 ➡ 她也想吃炒饭。（中国語訳）	彼女もチャーハンを食べたい。 ➡ 她想吃炒饭也。（中国語訳）	
3.	三头猫 ➡ 3匹の猫（日本語訳）	三只猫 ➡ 3匹の猫（日本語訳）	
4.	鈴木さんはチャーハンを食べたのか？ ➡ 铃木小姐吃了炒饭吗？（中国語訳）	鈴木さんはチャーハンを食べたのか？ ➡ 吃了炒饭铃木小姐吗？（中国語訳）	
5.	彼女はチャーハンを食べていない。 ➡ 她没吃炒饭。（中国語訳）	彼女はチャーハンを食べていない。 ➡ 她吃炒饭没。（中国語訳）	
6.	彼女は食堂でチャーハンを食べない。 ➡ 她不在食堂吃炒饭。（中国語訳）	彼女は食堂でチャーハンを食べない。 ➡ 她不在吃炒饭食堂。（中国語訳）	
7.	彼女はチャーハンを食べた。 ➡ 她吃炒饭。（中国語訳）	彼女はチャーハンを食べた。 ➡ 她吃了炒饭。（中国語訳）	
8.	橋本さんはどこでチャーハンを食べるのか？ ➡ 桥本小姐在吃炒饭哪里？（中国語訳）	橋本さんはどこでチャーハンを食べるのか？ ➡ 桥本小姐在哪里吃炒饭？（中国語訳）	
9.	开绿灯（kāi lǜdēng） ➡ 許可（日本語訳）	开绿灯（kāi lǜdēng） ➡ 青信号（日本語訳）	
10.	山本さんもチャーハンを食べたことがあるのか？ ➡ 山本小姐也吃过炒饭吗？（中国語訳）	山本さんもチャーハンを食べたことがあるのか？ ➡ 山本小姐吃过炒饭也吗？（中国語訳）	

老李**喝**了啤酒吗?

一 コラボ型会話のフレーズ（その1）

🔊 063

A 老李喝了啤酒吗?
Lǎo Lǐ hē le píjiǔ ma?
李さんはビールを飲んだのか？

B 他喝了啤酒。
Tā hē le píjiǔ.
彼はビールを飲んだ。

A 老王也喝了啤酒吗?
Lǎo Wáng yě hē le píjiǔ ma?
王さんもビールを飲んだのか？

B 他没喝啤酒。
Tā méi hē píjiǔ.
彼はビールを飲んでいない。

A 老宋喝不喝啤酒?
Lǎo Sòng hēbuhē píjiǔ?
宋さんはビールを飲まないのか？

B 他不喝啤酒。
Tā bù hē píjiǔ.
彼はビールを飲まない。

解説：
"喝不喝" は反複疑問文。「肯定（喝）＋否定（不喝）」の構成で「～を飲むのか（飲まないのか）」の意味を表す。

一 コラボ型会話のフレーズ（その2）

A 小徐在喝啤酒吗?

Xiǎo Xú zài hē píjiǔ ma?

徐さんはビールを飲んでいるのか？

B 他在喝啤酒。

Tā zài hē píjiǔ.

彼はビールを飲んでいる。

A 小李也在喝啤酒吗?

Xiǎo Lǐ yě zài hē píjiǔ ma?

李さんもビールを飲んでいるのか？

B 他也在喝啤酒。

Tā yě zài hē píjiǔ.

彼もビールを飲んでいる。

A 小孙在不在喝啤酒?

Xiǎo Sūn zàibuzài hē píjiǔ?

孫さんはビールを飲んでいないのか？

B 他没在喝啤酒。

Tā méi zài hē píjiǔ.

彼はビールを飲んでいない。

コラボ型会話のフレーズ（その３）

🔊 065

A 小张在哪里喝啤酒？

Xiǎo Zhāng zài nǎli hē píjiǔ?

張さんはどこでビールを飲むのか？

B 他在餐厅喝啤酒。

Tā zài cāntīng hē píjiǔ.

彼はレストランでビールを飲む。

A 小周也在餐厅喝啤酒吗？

Xiǎo Zhōu yě zài cāntīng hē píjiǔ ma?

周さんもレストランでビールを飲むのか？

B 他也在餐厅喝啤酒。

Tā yě zài cāntīng hē píjiǔ.

彼もレストランでビールを飲む。

A 小朱在不在餐厅喝啤酒？

Xiǎo Zhū zàibuzài cāntīng hē píjiǔ?

朱さんはレストランでビールを飲むのか？

B 他没在餐厅喝啤酒。

Tā méi zài cāntīng hē píjiǔ.

彼はレストランでビールを飲んでいない。

一 コラボ型会話のフレーズ（その４）

🔊 066

A 老韩喝过啤酒吗？

Lǎo Hán hēguo píjiǔ ma?

韓さんはビールを飲んだことがあるのか？

B 他喝过啤酒。

Tā hēguo píjiǔ.

彼はビールを飲んだことがある。

A 老陈也喝过啤酒吗？

Lǎo Chén yě hēguo píjiǔ ma?

陳さんもビールを飲んだことがあるのか？

B 他没喝过啤酒。

Tā méi hēguo píjiǔ.

彼はビールを飲んだことがない。

A 老刘也没喝过啤酒吗？

Lǎo Liú yě méi hēguo píjiǔ ma?

劉さんもビールを飲んだことがないのか？

B 不，他喝过啤酒。

Bù, tā hēguo píjiǔ.

いいえ、彼はビールを飲んだことがある。

95

一 コラボ型会話のフレーズ（その５）

🔊 067

A 小黄想喝啤酒吗？

Xiǎo Huáng xiǎng hē píjiǔ ma?

黄さんはビールを飲みたいのか？

B 他想喝啤酒。

Tā xiǎng hē píjiǔ.

彼はビールを飲みたい。

A 小胡也想喝啤酒吗？

Xiǎo Hú yě xiǎng hē píjiǔ ma?

胡さんもビールを飲みたいのか？

B 他也想喝啤酒。

Tā yě xiǎng hē píjiǔ.

彼もビールを飲みたい。

A 小曹想不想喝啤酒？

Xiǎo Cáo xiǎngbuxiǎng hē píjiǔ?

曹さんはビールを飲みたくないのか？

B 他不想喝啤酒。

Tā bù xiǎng hē píjiǔ.

彼はビールを飲みたくない。

二 コラボ型会話に出た単語

1	喝	hē	動詞	〜を飲む
2	啤酒	píjiǔ	名詞	ビール
3	餐厅	cāntīng	名詞	レストラン

第八課

目 中国語の豆知識

1. 量詞で学ぶ中国語　その2

🔊 069

実例（その2）

(1) 支 (zhī)	➡ 本	例：一<u>支</u> 钢笔 (gāngbǐ)	➡ 1本のペン
(2) 枝 (zhī)	➡ 本	例：一<u>枝</u> 蜡烛 (làzhú)	➡ 1本の蝋燭
(3) 把 (bǎ)	➡ 束	例：三<u>把</u> 鲜花 (xiānhuā)	➡ 3束の花
(4) 瓶 (píng)	➡ 本	例：四<u>瓶</u> 醋 (cù)	➡ 4本の酢
(5) 张 (zhāng)	➡ 枚	例：五<u>张</u> 信纸 (xìnzhǐ)	➡ 5枚の便箋

2. 慣用句で学ぶ中国語　その2

🔊 070

(1) 碰钉子 (pèng dīngzi)　➡ 断られる。

(2) 咬耳朵 (yǎo ěrduo)　➡ 内緒話をする。

(3) 泡蘑菇 (pào mógu)　➡ ぐずぐずする。

(4) 拖后腿 (tuō hòutuǐ)　➡ 足を引っ張る。

(5) 打官司 (dǎ guānsi)　➡ 訴訟を起こす。

次のAとB、正しいのはどっち？

コラボ型会話のフレーズと中国語の豆知識を参考に、解答して下さい。　（配点：5点×10問＝50点）

	A	B	解答
1.	他没喝啤酒。 ➡ 彼はビールを飲まない。（日本語訳）	他没喝啤酒。 ➡ 彼はビールを飲んでいない。（日本語訳）	
2.	1本のペン ➡ 一支钢笔（中国語訳）	1本のペン ➡ 一本钢笔（中国語訳）	
3.	彼はビールを飲んだことがある。 ➡ 他喝过啤酒。（中国語訳）	彼はビールを飲んだことがある。 ➡ 他喝啤酒过。（中国語訳）	
4.	他喝了啤酒。 ➡ 彼はビールを飲んだ。（日本語訳）	他喝了啤酒。 ➡ 彼はビールを飲む。（日本語訳）	
5.	彼もビールを飲みたい。 ➡ 他也想喝啤酒。（中国語訳）	彼もビールを飲みたい。 ➡ 他想喝啤酒也。（中国語訳）	
6.	小徐在喝啤酒吗? ➡ 徐さんはビールを飲むのか？（日本語訳）	小徐在喝啤酒吗? ➡ 徐さんはビールを飲んでいるのか？（日本語訳）	
7.	黄さんはビールを飲みたいのか？ ➡ 小黄想喝啤酒吗?（中国語訳）	黄さんはビールを飲みたいのか？ ➡ 小黄喝想啤酒吗?（中国語訳）	
8.	彼もレストランでビールを飲む。 ➡ 他也在餐厅喝啤酒。（中国語訳）	彼もレストランでビールを飲む。 ➡ 他在喝啤酒餐厅也。（中国語訳）	
9.	碰钉子（pèng dīngzi） ➡ 断られる。（日本語訳）	碰钉子（pèng dīngzi） ➡ 釘をさす。（日本語訳）	
10.	周さんもレストランでビールを飲むのか？ ➡ 小周在餐厅喝啤酒也吗?（中国語訳）	周さんもレストランでビールを飲むのか？ ➡ 小周也在餐厅喝啤酒吗?（中国語訳）	

注：採点方法は第5単元（会話編第七課と第八課）の合計で100点（満点）

一 コラボ型会話のフレーズ（その2）

🔊 072

A 李小姐在看电影吗？
Lǐ xiǎojiě zài kàn diànyǐng ma?
李さんは映画を見ているのか？

B 她在看电影。
Tā zài kàn diànyǐng.
彼女は映画を見ている。

A 钱小姐也在看电影吗？
Qián xiǎojiě yě zài kàn diànyǐng ma?
銭さんも映画を見ているのか？

B 她也在看电影。
Tā yě zài kàn diànyǐng.
彼女も映画を見ている。

A 孙小姐在不在看电影？
Sūn xiǎojiě zàibuzài kàn diànyǐng?
孫さんは映画を見ていないのか？

B 她没在看电影。
Tā méi zài kàn diànyǐng.
彼女は映画を見ていない。

A

张小姐在哪里看电影?

Zhāng xiǎojiě zài nǎli kàn diànyǐng?

張さんはどこで映画を見るのか？

B

她在电影院看电影。

Tā zài diànyǐngyuàn kàn diànyǐng.

彼女は映画館で映画を見る。

A

周小姐也在电影院看电影吗?

Zhōu xiǎojiě yě zài diànyǐngyuàn kàn diànyǐng ma?

周さんも映画館で映画を見るのか？

B

她也在电影院看电影。

Tā yě zài diànyǐngyuàn kàn diànyǐng.

彼女も映画館で映画を見る。

A

朱小姐在不在电影院看电影?

Zhū xiǎojiě zàibuzài diànyǐngyuàn kàn diànyǐng?

朱さんは映画館で映画を見るのか？

B

她没在电影院看电影。

Tā méi zài diànyǐngyuàn kàn diànyǐng.

彼女は映画館で映画を見ていない。

一 コラボ型会話のフレーズ（その４）

🔊 074

A 韩小姐看过电影吗？

Hán xiǎojiě kànguo diànyǐng ma?

韓さんは映画を見たことがあるのか？

B 她看过电影。

Tā kànguo diànyǐng.

彼女は映画を見たことがある。

A 陈小姐也看过电影吗？

Chén xiǎojiě yě kànguo diànyǐng ma?

陳さんも映画を見たことがあるのか？

B 她没看过电影。

Tā méi kànguo diànyǐng.

彼女は映画を見たことがない。

A 刘小姐也没看过电影吗？

Liú xiǎojiě yě méi kànguo diànyǐng ma?

劉さんも映画を見たことがないのか？

B 不，她看过电影。

Bù, tā kànguo diànyǐng.

いいえ、彼女は映画を見たことがある。

■ コラボ型会話のフレーズ（その5）

A 黄小姐想看电影吗？

Huáng xiǎojiě xiǎng kàn diànyǐng ma?

黄さんは映画を見たいのか？

B 她想看电影。

Tā xiǎng kàn diànyǐng.

彼女は映画を見たい。

A 胡小姐也想看电影吗？

Hú xiǎojiě yě xiǎng kàn diànyǐng ma?

胡さんも映画を見たいのか？

B 她也想看电影。

Tā yě xiǎng kàn diànyǐng.

彼女も映画を見たい。

A 曹小姐想不想看电影？

Cáo xiǎojiě xiǎngbuxiǎng kàn diànyǐng?

曹さんは映画を見たくないのか？

B 她不想看电影。

Tā bù xiǎng kàn diànyǐng.

彼女は映画を見たくない。

■ コラボ型会話に出た単語　🔊 076

1	看	kàn	動詞	〜を見る（観賞・鑑賞する）
2	电影	diànyǐng	名詞	映画
3	电影院	diànyǐngyuàn	名詞	映画館

三 中国語の豆知識

1. 量詞で学ぶ中国語　その3

🔊 077

実例（その3）

(1) 块 (kuài)　➡ 個　　　例：一**块** 肥皂 (féizào)　　➡ 石鹸1個

(2) 双 (shuāng)　➡ 足　　例：一**双** 鞋子 (xiézi)　　➡ 靴1足

(3) 包 (bāo)　➡ 袋　　　例：三**包** 饼干 (bǐnggān)　➡ 3袋のビスケット

(4) 架 (jià)　➡ 台　　　例：四**架** 钢琴 (gāngqín)　➡ 4台のピアノ

(5) 匹 (pǐ)　➡ 頭　　　例：五**匹** 马 (mǎ)　　　➡ 馬5頭

2. 慣用句で学ぶ中国語　その3

🔊 078

(1) 吃药　　(chī yào)　　　➡ 薬を飲む。

(2) 吃食堂 (chī shítáng)　　➡ 食堂で食べる。

(3) 洗温泉 (xǐ wēnquán)　　➡ 温泉に入る。

(4) 考博士 (kǎo bóshì)　　➡ 後期博士の試験を受ける。

(5) 下象棋 (xià xiàngqí)　　➡ 将棋をさす。

次のAとB、正しいのはどっち？

コラボ型会話のフレーズと中国語の豆知識を参考に、解答して下さい。　　（配点：5点×10問＝50点）

	A	B	解答
1.	彼女は映画を見ていない。 ➡ 她没看电影。（中国語訳）	彼女は映画を見ていない。 ➡ 她不看电影。（中国語訳）	
2.	韓さんは映画を見たことがあるのか？ ➡ 韩小姐看过电影吗？（中国語訳）	韓さんは映画を見たことがあるのか？ ➡韩小姐看电影过吗？（中国語訳）	
3.	吃食堂。 ➡ 食堂を食べる。（日本語訳）	吃食堂。 ➡ 食堂で食べる。（日本語訳）	
4.	黄さんは映画を見たいのか？ ➡ 黄小姐看想电影吗？（中国語訳）	黄さんは映画を見たいのか？ ➡ 黄小姐想看电影吗？（中国語訳）	
5.	一双鞋子 ➡ 靴1足（日本語訳）	一块鞋子 ➡ 靴1足（日本語訳）	
6.	周さんも映画館で映画を見るのか？ ➡ 周小姐也在电影院看电影吗？（中国語訳）	周さんも映画館で映画を見るのか？ ➡ 周小姐在电影院看电影也吗？（中国語訳）	
7.	李さんは映画を見ているのか？ ➡ 李小姐在看电影吗？（中国語訳）	李さんは映画を見ているのか？ ➡ 李小姐看电影在吗？（中国語訳）	
8.	趙さんは映画を見たのか？ ➡ 赵小姐看了电影吗？（中国語訳）	趙さんは映画を見たのか？ ➡ 赵小姐看电影吗？（中国語訳）	
9.	吃药。 ➡ 薬を食べる。（日本語訳）	吃药。 ➡ 薬を飲む。（日本語訳）	
10.	曹さんは映画を見たくないのか？ ➡ 曹小姐想不想看电影？（中国語訳）	曹さんは映画を見たくないのか？ ➡ 曹小姐想看电影不想？（中国語訳）	

王先生坐了飞机吗?

一 コラボ型会話のフレーズ（その１） 🔊 079

A 王先生坐了飞机吗?

Wáng xiānsheng zuò le fēijī ma?

王さん（ご主人）は飛行機に乗ったのか？

B 他坐了飞机。

Tā zuò le fēijī.

彼は飛行機に乗った。

A 李先生也坐了飞机吗?

Lǐ xiānsheng yě zuò le fēijī ma?

李さん（ご主人）も飛行機に乗ったのか？

B 他没坐飞机。

Tā méi zuò fēijī.

彼は飛行機に乗っていない。

A 宋先生坐不坐飞机?

Sòng xiānsheng zuòbuzuò fēijī?

宋さん（ご主人）は飛行機に乗らないのか？

B 他不坐飞机。

Tā bú zuò fēijī.

彼は飛行機に乗らない。

解説：
"坐不坐"は反復疑問文。「肯定（坐）＋否定（不坐）」の構成で「～に乗るのか（乗らないのか）」の意味を表す。

━ コラボ型会話のフレーズ（その2）

A 徐先生在坐飞机吗？

Xú xiānsheng zài zuò fēijī ma?

徐さん（ご主人）は飛行機に乗っているのか？

B 他在坐飞机。

Tā zài zuò fēijī.

彼は飛行機に乗っている。

A 欧阳先生也在坐飞机吗？

Ōuyáng xiānsheng yě zài zuò fēijī ma?

欧陽さん（ご主人）も飛行機に乗っているのか？

B 他也在坐飞机。

Tā yě zài zuò fēijī.

彼も飛行機に乗っている。

A 孙先生在不在坐飞机？

Sūn xiānsheng zàibuzài zuò fēijī?

孫さん（ご主人）は飛行機に乗っていないのか？

B 他没在坐飞机。

Tā méi zài zuò fēijī.

彼は飛行機に乗っていない。

第十課

109

─ コラボ型会話のフレーズ（その３）

🔊 081

A 张先生在哪里坐飞机?
Zhāng xiānsheng zài nǎli zuò fēijī?
張さん（ご主人）はどこで飛行機に乗るのか？

B 他在浦东机场坐飞机。
Tā zài Pǔdōngjīchǎng zuò fēijī.
彼は浦東空港で飛行機に乗る。

A 周先生也在浦东机场坐飞机吗?
Zhōu xiānsheng yě zài Pǔdōngjīchǎng zuò fēijī ma?
周さん（ご主人）も浦東空港で飛行機に乗るのか？

B 他也在浦东机场坐飞机。
Tā yě zài Pǔdōngjīchǎng zuò fēijī.
彼も浦東空港で飛行機に乗る。

A 朱先生在不在浦东机场坐飞机?
Zhū xiānsheng zàibuzài Pǔdōngjīchǎng zuò fēijī?
朱さん（ご主人）は浦東空港で飛行機に乗るのか？

B 他没在浦东机场坐飞机。
Tā méi zài Pǔdōngjīchǎng zuò fēijī.
彼は浦東空港で飛行機に乗っていない。

A 韩先生坐过飞机吗？

Hán xiānsheng zuòguo fēijī ma?

韓さん（ご主人）は飛行機に乗ったことがあるのか？

B 他坐过飞机。

Tā zuòguo fēijī.

彼は飛行機に乗ったことがある。

A 陈先生也坐过飞机吗？

Chén xiānsheng yě zuòguo fēijī ma?

陳さん（ご主人）も飛行機に乗ったことがあるのか？

B 他没坐过飞机。

Tā méi zuòguo fēijī.

彼は飛行機に乗ったことがない。

A 刘先生也没坐过飞机吗？

Liú xiānsheng yě méi zuòguo fēijī ma?

劉さん（ご主人）も飛行機に乗ったことがないのか？

B 不，他坐过飞机。

Bù, tā zuòguo fēijī.

いいえ、彼は飛行機に乗ったことがある。

A 黄先生想坐飞机吗？

Huáng xiānsheng xiǎng zuò fēijī ma?

黄さん（ご主人）は飛行機に乗りたいのか？

B 他想坐飞机。

Tā xiǎng zuò fēijī.

彼は飛行機に乗りたい。

A 胡先生也想坐飞机吗？

Hú xiānsheng yě xiǎng zuò fēijī ma?

胡さん（ご主人）も飛行機に乗りたいのか？

B 他也想坐飞机。

Tā yě xiǎng zuò fēijī.

彼も飛行機に乗りたい。

A 曹先生想不想坐飞机？

Cáo xiānsheng xiǎngbuxiǎng zuò fēi jī?

曹さん（ご主人）は飛行機に乗りたくないのか？

B 他不想坐飞机。

Tā bù xiǎng zuò fēijī.

彼は飛行機に乗りたくない。

② コラボ型会話に出た単語

1	先生	xiānsheng	名詞	先生、〜さん、他人の夫、または自分の夫に対する呼称
2	坐	zuò	動詞	〜に乗る
3	飞机	fēijī	名詞	飛行機
4	浦东机场	Pǔdōng jīchǎng	名詞	浦東空港

第十課

三 中国語の豆知識

1. 量詞で学ぶ中国語　その4

🔊 085

実例（その4）

(1) 杯 (bēi) ➡ 杯 　　　例：一**杯** 牛奶 (niúnǎi) ➡ 1杯の牛乳

(2) 家 (jiā) ➡ 軒 　　　例：一**家** 饭馆 (fànguǎn) ➡ 1軒のレストラン

(3) 件 (jiàn) ➡ 枚 　　　例：三**件** 毛衣 (máoyī) ➡ 3枚のセーター

(4) 辆 (liàng) ➡ 台 　　　例：四**辆** 汽车 (qìchē) ➡ 4台の車

(5) 首 (shǒu) ➡ 首 　　　例：一**首** 歌 (gē) ➡ 歌1曲

2. 慣用句で学ぶ中国語　その4

🔊 086

(1) 发牢骚 (fā láosao) 　➡ 不平不満を漏らす。

(2) 拉关系 (lā guānxi) 　➡ コネをつける。

(3) 办喜事 (bàn xǐshì) 　➡ 結婚式を挙げる。

(4) 赶时髦 (gǎn shímáo) 　➡ 流行を追う。

(5) 抄近路 (chāo jìnlù) 　➡ 近道をする。

次のAとB、正しいのはどっち？

コラボ型会話のフレーズと中国語の豆知識を参考に、解答して下さい。　（配点：5点×10問＝50点）

	A	B	解答
1.	彼は飛行機に乗っている。 ➡ 他坐飞机在。（中国語訳）	彼は飛行機に乗っている。 ➡ 他在坐飞机。（中国語訳）	
2.	胡さんも飛行機に乗りたいのか？ ➡ 胡先生也想坐飞机吗？　（中国語訳）	胡さんも飛行機に乗りたいのか？ ➡ 胡先生想坐飞机也吗？　（中国語訳）	
3.	抄近路。 ➡ 近道をする。（日本語訳）	抄近路。 ➡ 流行を追う。（日本語訳）	
4.	韓さんは飛行機に乗ったことがあるのか？ ➡ 韩先生坐过飞机吗？　（中国語訳）	韓さんは飛行機に乗ったことがあるのか？ ➡ 韩先生坐飞机过吗？　（中国語訳）	
5.	周さんも浦東空港で飛行機に乗るのか？ ➡ 周先生也在浦东机场坐飞机吗？　（中国語訳）	周さんも浦東空港で飛行機に乗るのか？ ➡ 周先生在浦东机场坐飞机也吗？　（中国語訳）	
6.	办喜事。 ➡ コネをつける。（日本語訳）	拉关系。 ➡ コネをつける。（日本語訳）	
7.	朱さんは浦東空港で飛行機に乗らないのか？ ➡ 朱先生在不在浦东机场坐飞机？　（中国語訳）	朱さんは浦東空港で飛行機に乗らないのか？ ➡ 朱先生在浦东机场坐飞机不在？　（中国語訳）	
8.	3枚のセーター ➡ 三件毛衣（中国語訳）	3枚のセーター ➡ 三枚毛衣（中国語訳）	
9.	王さんは飛行機に乗ったのか？ ➡ 王先生坐了飞机吗？　（中国語訳）	王さんは飛行機に乗ったのか？ ➡ 王先生坐飞机吗？　（中国語訳）	
10.	劉さんも飛行機に乗ったことがないのか？ ➡ 刘先生没坐过飞机也吗？　（中国語訳）	劉さんも飛行機に乗ったことがないのか？ ➡ 刘先生也没坐过飞机吗？　（中国語訳）	

注：採点方法は第6単元（会話編第九課と第十課）の合計で100点（満点）

一 コラボ型会話のフレーズ（その１）

◀)) 087

A
孙太太买了毛衣吗?
Sūn tàitai mǎi le máoyī ma?
孫さん（奥さん）はセーターを買ったのか？

B
她买了毛衣。
Tā mǎi le máoyī.
彼女はセーターを買った。

A
宋太太也买了毛衣吗?
Sòng tàitai yě mǎi le máoyī ma?
宋さん（奥さん）もセーターを買ったのか？

B
她没买毛衣。
Tā méi mǎi máoyī.
彼女はセーターを買っていない。

A
赵太太买不买毛衣?
Zhào tàitai mǎibumǎi máoyī?
趙さん（奥さん）はセーターを買わないのか？

B
她不买毛衣。
Tā bù mǎi máoyī.
彼女はセーターを買わない。

解説：
"买不买" は反複疑問文。「肯定（买）＋否定（不买）」の構成で「〜を買うのか（買わないのか）」の意味を表す。

一 コラボ型会話のフレーズ（その２）

🔊 088

A 李太太在买毛衣吗？

Lǐ tàitai zài mǎi máoyī ma?

李さん（奥さん）はセーターを買っているのか？

B 她在买毛衣。

Tā zài mǎi máoyī.

彼女はセーターを買っている。

A 钱太太也在买毛衣吗？

Qián tàitai yě zài mǎi máoyī ma?

銭さん（奥さん）もセーターを買っているのか？

B 她也在买毛衣。

Tā yě zài mǎi máoyī.

彼女もセーターを買っている。

A 徐太太在不在买毛衣？

Xú tàitai zàibuzài mǎi máoyī?

徐さん（奥さん）はセーターを買っていないのか？

B 她没在买毛衣。

Tā méi zài mǎi máoyī.

彼女はセーターを買っていない。

コラボ型会話のフレーズ（その３）

A 张太太在哪里买毛衣？

Zhāng tàitai zài nǎli mǎi máoyī?

張さん（奥さん）はどこでセーターを買うのか？

B 她在超市买毛衣。

Tā zài chāoshì mǎi máoyī.

彼女はスーパーでセーターを買う。

A 周太太也在超市买毛衣吗？

Zhōu tàitai yě zài chāoshì mǎi máoyī ma?

周さん（奥さん）もスーパーでセーターを買うのか？

B 她也在超市买毛衣。

Tā yě zài chāoshì mǎi máoyī.

彼女もスーパーでセーターを買う。

A 朱太太在不在超市买毛衣？

Zhū tàitai zàibuzài chāoshì mǎi máoyī?

朱さん（奥さん）はスーパーでセーターを買うのか？

B 她没在超市买毛衣。

Tā méi zài chāoshì mǎi máoyī.

彼女はスーパーでセーターを買っていない。

コラボ型会話のフレーズ（その４）

🔊 090

A 韩太太买过毛衣吗？

Hán tàitai mǎiguo máoyī ma?

韓さん（奥さん）はセーターを買ったことがあるのか？

B 她买过毛衣。

Tā mǎiguo máoyī.

彼女はセーターを買ったことがある。

A 陈太太也买过毛衣吗？

Chén tàitai yě mǎiguo máoyī ma?

陳さん（奥さん）もセーターを買ったことがあるのか？

B 她没买过毛衣。

Tā méi mǎiguo máoyī.

彼女はセーターを買ったことがない。

A 刘太太也没买过毛衣吗？

Liú tàitai yě méi mǎiguo máoyī ma?

劉さん（奥さん）もセーターを買ったことがないのか？

B 不，她买过毛衣。

Bù, tā mǎiguo máoyī.

いいえ、彼女はセーターを買ったことがある。

A 黄太太想买毛衣吗？

Huáng tàitai xiǎng mǎi máoyī ma?

黄さん（奥さん）はセーターを買いたいのか？

B 她想买毛衣。

Tā xiǎng mǎi máoyī.

彼女はセーターを買いたい。

A 胡太太也想买毛衣吗？

Hú tàitai yě xiǎng mǎi máoyī ma?

胡さん（奥さん）もセーターを買いたいのか？

B 她也想买毛衣。

Tā yě xiǎng mǎi máoyī.

彼女もセーターを買いたい。

A 曹太太想不想买毛衣？

Cáo tàitai xiǎngbuxiǎng mǎi máoyī?

曹さん（奥さん）はセーターを買いたくないのか？

B 她不想买毛衣。

Tā bù xiǎng mǎi máoyī.

彼女はセーターを買いたくない。

1	**太太**	tàitai	名詞	他人の妻、または自分の妻に対する呼称
2	**买**	mǎi	動詞	〜を買う
3	**毛衣**	máoyī	名詞	セーター
4	**超市**	chāoshì	名詞	スーパー

三 中国語の豆知識

1. コミュニケーシュンに役立つ挨拶語・常用文　その1
🔊 093

(1) 你好 (Nǐ hǎo)！　➡ こんにちは！

(2) 你们好 (Nǐmen hǎo)！　➡ 皆さん、こんにちは！

(3) 老师好 (Lǎoshī hǎo)！　➡ （学校の）先生、こんにちは！

(4) 同学们好 (Tóngxuémen hǎo)！　➡ （学生の）皆さん、こんにちは！

(5) 大家好 (Dàjiā hǎo)！　➡ 皆さん、こんにちは！

2. 在中国日系企業の中国名　その1
🔊 094

(1) 佳能 (Jiānéng)　➡ キャノン

(2) 索尼 (Suǒní)　➡ ソニー

(3) 夏普 (Xiàpǔ)　➡ シャープ

(4) 尼康 (Níkāng)　➡ ニコン

(5) 富士施乐 (Fùshìshīlè)　➡ 富士ゼロックス

3. 中華料理シリーズ　その1
🔊 095

(1) 炒饭 (chǎofàn)　➡ チャーハン

(2) 炒面 (chǎomiàn)　➡ 焼きそば

(3) 春卷 (chūnjuǎn)　➡ 春巻

(4) 馄饨 (húntún)　➡ ワンタン

(5) 烧卖 (shāomài)　➡ シュウマイ

第十一課（第7単元）「復習とまとめ」の二者択一クイズ式課題

次のAとB、正しいのはどっち？

コラボ型会話のフレーズと中国語の豆知識を参考に、解答して下さい。　（配点：5点×10問＝50点）

	A	B	解答
1.	馄饨（húntún） ➡ うどん（日本語訳）	馄饨（húntún） ➡ ワンタン（日本語訳）	
2.	胡さんもセーターを買いたいのか？ ➡ 胡太太也想买毛衣吗？（中国語訳）	胡さんもセーターを買いたいのか？ ➡ 胡太太想买毛衣也吗？（中国語訳）	
3.	彼女はセーターを買った。 ➡ 她买了毛衣。（中国語訳）	彼女はセーターを買った。 ➡ 她买毛衣。（中国語訳）	
4.	佳能 ➡ ソニー（日本語訳）	索尼 ➡ ソニー（日本語訳）	
5.	朱さんはスーパーでセーターを買わないのか？ ➡ 朱太太不在超市买毛衣?（中国語訳）	朱さんはスーパーでセーターを買わないのか？ ➡ 朱太太在超市买毛衣不在?（中国語訳）	
6.	彼女はセーターを買わない。 ➡ 她不买毛衣。（中国語訳）	彼女はセーターを買わない。 ➡ 她没买毛衣。（中国語訳）	
7.	大家好！ ➡ 皆さん、こんにちは！（日本語訳）	大家好！ ➡ 大家さん、こんにちは！（日本語訳）	
8.	彼女はセーターを買ったことがない。 ➡ 她没买过毛衣。（中国語訳）	彼女はセーターを買ったことがない。 ➡ 她不买过毛衣。（中国語訳）	
9.	張さんはどこでセーターを買うのか？ ➡ 张太太在哪里买毛衣?（中国語訳）	張さんはどこでセーターを買うのか？ ➡ 张太太在买毛衣哪里?（中国語訳）	
10.	买过 mǎiguò ➡ （中国語ピンイン）	买过 mǎiguo ➡ （中国語ピンイン）	

第十二課　老刘卖了水果吗?

一 コラボ型会話のフレーズ（その１）

🔊 096

A 老刘卖了水果吗?
Lǎo Liú mài le shuǐguǒ ma?
刘さんは果物を売ったのか？

B 他卖了水果。
Tā mài le shuǐguǒ.
彼は果物を売った。

A 老王也卖了水果吗?
Lǎo Wáng yě mài le shuǐguǒ ma?
王さんも果物を売ったのか？

B 他没卖水果。
Tā méi mài shuǐguǒ.
彼は果物を売っていない。

A 老宋卖不卖水果?
Lǎo Sòng màibumài shuǐguǒ?
宋さんは果物を売らないのか？

B 他不卖水果。
Tā bú mài shuǐguǒ.
彼は果物を売らない。

解説：
"卖不卖"は反複疑問文。「肯定（卖）＋否定（不卖)」の構成で「〜を売るのか（売らないのか)」の意味を表す。

一 コラボ型会話のフレーズ（その2）　🔊 097

A 小徐在卖水果吗？
Xiǎo Xú zài mài shuǐguǒ ma?
徐さんは果物を売っているのか？

B 他在卖水果。
Tā zài mài shuǐguǒ.
彼は果物を売っている。

- -

A 小李也在卖水果吗？
Xiǎo Lǐ yě zài mài shuǐguǒ ma?
李さんも果物を売っているのか？

B 他也在卖水果。
Tā yě zài mài shuǐguǒ.
彼も果物を売っている。

- -

A 小孙在不在卖水果？
Xiǎo Sūn zàibuzài mài shuǐguǒ?
孫さんは果物を売っていないのか？

B 他没在卖水果。
Tā méi zài mài shuǐguǒ.
彼は果物を売っていない。

A 小张在哪里卖水果?

Xiǎo Zhāng zài nǎli mài shuǐguǒ?

張さんはどこで果物を売るのか？

B 他在超市卖水果。

Tā zài chāoshì mài shuǐguǒ.

彼はスーパーで果物を売る。

A 小周也在超市卖水果吗?

Xiǎo Zhōu yě zài chāoshì mài shuǐguǒ ma?

周さんもスーパーで果物を売るのか？

B 他也在超市卖水果。

Tā yě zài chāoshì mài shuǐguǒ.

彼もスーパーで果物を売る。

A 小朱在不在超市卖水果?

Xiǎo Zhū zàibuzài chāoshì mài shuǐguǒ?

朱さんはスーパーで果物を売るのか？

B 他没在超市卖水果。

Tā méi zài chāoshì mài shuǐguǒ.

彼はスーパーで果物を売っていない。

一 コラボ型会話のフレーズ（その4）

A 老韩卖过水果吗？
Lǎo Hán màiguo shuǐguǒ ma?
韓さんは果物を売ったことがあるのか？

B 他卖过水果。
Tā màiguo shuǐguǒ.
彼は果物を売ったことがある。

A 老陈也卖过水果吗？
Lǎo Chén yě màiguo shuǐguǒ ma?
陳さんも果物を売ったことがあるのか？

B 他没卖过水果。
Tā méi màiguo shuǐguǒ.
彼は果物を売ったことがない。

A 老李也没卖过水果吗？
Lǎo Lǐ yě méi màiguo shuǐguǒ ma?
李さんも果物を売ったことがないのか？

B 不，他卖过水果。
Bù, tā màiguo shuǐguǒ.
いいえ、彼は果物を売ったことがある。

第十二課

127

A 小黄想卖水果吗？

Xiǎo Huáng xiǎng mài shuǐguǒ ma?

黄さんは果物を売りたいのか？

B 他想卖水果。

Tā xiǎng mài shuǐguǒ.

彼は果物を売りたい。

A 小胡也想卖水果吗？

Xiǎo Hú yě xiǎng mài shuǐguǒ ma?

胡さんも果物を売りたいのか？

B 他也想卖水果。

Tā yě xiǎng mài shuǐguǒ.

彼も果物を売りたい。

A 小曹想不想卖水果？

Xiǎo Cáo xiǎngbuxiǎng mài shuǐguǒ?

曹さんは果物を売りたくないのか？

B 他不想卖水果。

Tā bù xiǎng mài shuǐguǒ.

彼は果物を売りたくない。

ニ コラボ型会話に出た単語

1	卖	mài	動詞	〜を売る
2	水果	shuǐguǒ	名詞	果物

三 中国語の豆知識

1. コミュニケーシュンに役立つ挨拶語・常用文　その2
🔊 102

(1) 别客气 (Bié kèqi)！　　➡　ご遠慮なく！

(2) 别生气 (Bié shēngqì)！　➡　怒らないで！

(3) 别感冒 (Bié gǎnmào)！　➡　風邪を引かないで！

(4) 别灰心 (Bié huīxīn)！　　➡　気を落しちゃだめだよ！

(5) 别开玩笑 (Bié kāi wánxiào)！　➡　冗談を言わないで！

2. 在中国日系企業の中国名　その2
🔊 103

(1) 罗森 (Luósēn)　　　➡　ローソン

(2) 全家 (Quánjiā)　　　➡　ファーミリーマート

(3) 7－11 (Qīshíyī)　　➡　セブンイレブン

(4) 永旺 (Yǒngwàng)　　➡　イオン

(5) 友都八喜 (Yǒudūbāxǐ)　➡　ヨドバシカメラ

3. 中華料理シリーズ　その2
🔊 104

(1) 甜食 (tiánshí)　　　➡　デザート

(2) 榨菜 (zhàcài)　　　➡　ザーサイ

(3) 冷菜 (lěngcài)　　　➡　前菜

(4) 担担面 (dàndànmiàn)　➡　たんたんめん

(5) 棒棒鸡 (bàngbàngjī)　➡　バンバンジー

次のAとB、正しいのはどっち？

コラボ型会話のフレーズと中国語の豆知識を参考に、解答して下さい。　（配点：5点×10問＝50点）

	A	B	解答
1.	甜食（tiánshí） ➡ 甘い食べ物（日本語訳）	甜食（tiánshí） ➡ デザート（日本語訳）	
2.	彼はスーパーで果物を売っていない。 ➡ 他没在超市卖水果。（中国語訳）	彼はスーパーで果物を売っていない。 ➡ 他在超市卖水果没。（中国語訳）	
3.	他卖了水果。 ➡ 彼は果物を売る。（日本語訳）	他卖了水果。 ➡ 彼は果物を売った。（日本語訳）	
4.	彼は果物を売りたくない。 ➡ 他想卖水果不。（中国語訳）	彼は果物を売りたくない。 ➡ 他不想卖水果。（中国語訳）	
5.	彼は果物を売っていない。 ➡ 他不卖水果。（中国語訳）	彼は果物を売っていない。 ➡ 他没卖水果。（中国語訳）	
6.	他卖过水果。 ➡ 彼は果物を売った。（日本語訳）	他卖过水果。 ➡ 彼は果物を売ったことがある。（日本語訳）	
7.	罗森 ➡ ローソン（日本企業名）	罗森 ➡ イオン（日本企業名）	
8.	徐さんは果物を売っているのか？ ➡ 小徐在卖水果吗?（中国語訳）	徐さんは果物を売っているのか？ ➡ 小徐卖水果在吗?（中国語訳）	
9.	别客气！ ➡ ご遠慮なく！（日本語訳）	别生气！ ➡ ご遠慮なく！（日本語訳）	
10.	彼も果物を売りたい。 ➡ 他也想卖水果。（中国語訳）	彼も果物を売りたい。 ➡ 他想卖水果也。（中国語訳）	

注：採点方法は第7単元（会話編第十一課と第十二課）の合計で100点（満点）

第十二課

第十三課　朱小姐借了钱吗?

一　コラボ型会話のフレーズ（その１）

🔊 105

A　朱小姐借了钱吗?
Zhū xiǎojiě jiè le qián ma?
朱さんはお金を借りたのか？

B　她借了钱。
Tā jiè le qián.
彼女はお金を借りた。

A　宋小姐也借了钱吗?
Sòng xiǎojiě yě jiè le qián ma?
宋さんもお金を借りたのか？

B　她没借钱。
Tā méi jiè qián.
彼女はお金を借りていない。

A　赵小姐借不借钱?
Zhào xiǎojiě jièbujiè qián?
趙さんはお金を借りないのか？

B　她不借钱。
Tā bú jiè qián.
彼女はお金を借りない。

解説：
"借不借" は反復疑問文。「肯定（借）＋否定（不借）」の構成で「～を借りるのか（借りないのか）」の意味を表す。

一 コラボ型会話のフレーズ（その２）

🔊 106

A 李小姐在借钱吗？

Lǐ xiǎojiě zài jiè qián ma?

李さんはお金を借りているのか？

B 她在借钱。

Tā zài jiè qián.

彼女はお金を借りている。

A 钱小姐也在借钱吗？

Qián xiǎojiě yě zài jiè qián ma?

銭さんもお金を借りているのか？

B 她也在借钱。

Tā yě zài jiè qián.

彼女もお金を借りている。

A 孙小姐在不在借钱？

Sūn xiǎojiě zàibuzài jiè qián?

孫さんはお金を借りていないのか？

B 她没在借钱。

Tā méi zài jiè qián.

彼女はお金を借りていない。

一 コラボ型会話のフレーズ（その３）

A 张小姐在哪里借钱？
Zhāng xiǎojiě zài nǎli jiè qián?
張さんはどこでお金を借りるのか？

B 她在银行借钱。
Tā zài yínháng jiè qián.
彼女は銀行でお金を借りる。

A 周小姐也在银行借钱吗？
Zhōu xiǎojiě yě zài yínháng jiè qián ma?
周さんも銀行でお金を借りるのか？

B 她也在银行借钱。
Tā yě zài yínháng jiè qián.
彼女も銀行でお金を借りる。

A 徐小姐在不在银行借钱？
Xú xiǎojiě zàibuzài yínháng jiè qián?
徐さんは銀行でお金を借りるのか？

B 她没在银行借钱。
Tā méi zài yínháng jiè qián.
彼女は銀行でお金を借りていない。

解説：
“在” は介詞。**在银行借钱** ➡ 銀行でお金を借りる。**在不在银行借钱?** ➡ 銀行でお金を借りるのか？

一 コラボ型会話のフレーズ（その４）

A 韩小姐借过钱吗？

Hán xiǎojiě jièguo qián ma?

韓さんはお金を借りたことがあるのか？

B 她借过钱。

Tā jièguo qián.

彼女はお金を借りたことがある。

A 陈小姐也借过钱吗？

Chén xiǎojiě yě jièguo qián ma?

陳さんもお金を借りたことがあるのか？

B 她没借过钱。

Tā méi jièguo qián.

彼女はお金を借りたことがない。

A 刘小姐也没借过钱吗？

Liú xiǎojiě yě méi jièguo qián ma?

劉さんもお金を借りたことがないのか？

B 不，她借过钱。

Bù, tā jièguo qián.

いいえ、彼女はお金を借りたことがある。

コラボ型会話のフレーズ（その5）

🔊 109

A

黄小姐想借钱吗？

Huáng xiǎojiě xiǎng jiè qián ma?

黄さんはお金を借りたいのか？

B

她想借钱。

Tā xiǎng jiè qián.

彼女はお金を借りたい。

A

胡小姐也想借钱吗？

Hú xiǎojiě yě xiǎng jiè qián ma?

胡さんもお金を借りたいのか？

B

她也想借钱。

Tā yě xiǎng jiè qián.

彼女もお金を借りたい。

A

曹小姐想不想借钱？

Cáo xiǎojiě xiǎngbuxiǎng jiè qián?

曹さんはお金を借りたくないのか？

B

她不想借钱。

Tā bù xiǎng jiè qián.

彼女はお金を借りたくない。

二 コラボ型会話に出た単語　🔊 110

1	借	jiè	動詞	〜を借りる
2	钱	qián	名詞	お金
3	银行	yínháng	名詞	銀行

☰ 中国語の豆知識

1. コミュニケーシュンに役立つ挨拶語・常用文　その3　🔊 111

(1) 新年好 (Xīnnián hǎo)！　➡ 明けましておめでとう！

(2) 春节好 (Chūnjié hǎo)！　➡ 新年（旧正月）おめでとう！

(3) 早上好 (Zǎoshang hǎo)！　➡ おはよう！

(4) 晚上好 (Wǎnshang hǎo)！　➡ こんばんは！

(5) 多少钱 (Duōshao qián)？　➡ 幾らですか？

2. 在中国日系企業の中国名　その3　🔊 112

(1) 京瓷 (Jīngcí)　➡ 京セラ

(2) 东陶 (Dōngtáo)　➡ TOTO

(3) 象印 (Xiàngyìn)　➡ 象印マホービン

(4) 似鸟 (Sìniǎo)　➡ ニトリ

(5) 软银 (Ruǎnyín)　➡ ソフトバンク

3. 中華料理シリーズ　その3　🔊 113

(1) 米饭 (mǐfàn)　➡ ライス

(2) 水饺 (shuǐjiǎo)　➡ 水餃子

(3) 锅贴 (guōtiē)　➡ 焼き餃子

(4) 肉包子 (ròubāozi)　➡ 肉饅頭

(5) 小笼包 (xiǎolóngbāo)　➡ ショーロンポー

次のAとB、正しいのはどっち？

コラボ型会話のフレーズと中国語の豆知識を参考に、解答して下さい。　　（配点：5点×10問＝50点）

	A	B	解答
1.	她想借钱。 ➡ 彼女はお金を借りたい。（日本語訳）	她想借钱。 ➡ 彼女はお金を借りる。（日本語訳）	
2.	锅贴（guōtiē） ➡ 焼き餃子（日本語訳）	锅贴（guōtiē） ➡ ショーロンポー（日本語訳）	
3.	胡さんもお金を借りたいのか？ ➡ 胡小姐也想借钱吗?　（中国語訳）	胡さんもお金を借りたいのか？ ➡ 胡小姐想借钱也吗?　（中国語訳）	
4.	她没借钱。 ➡ 彼女はお金を借りていない。（日本語訳）	她没借钱。 ➡ 彼女はお金を借りない。（日本語訳）	
5.	软银 ➡ ソフトバンク（日本企業名）	东陶 ➡ ソフトバンク（日本企業名）	
6.	彼女は銀行でお金を借りていない。 ➡ 她没在银行借钱。（中国語訳）	彼女は銀行でお金を借りていない。 ➡ 她在没银行借钱。（中国語訳）	
7.	她借过钱。 ➡ 彼女はお金を借りたことがある。（日本語訳）	她借过钱。 ➡ 彼女はお金を借りた。（日本語訳）	
8.	春节（Chūnjié） ➡ 春分（日本語訳）	春节（Chūnjié） ➡ 旧正月（日本語訳）	
9.	張さんはどこでお金を借りるのか？ ➡ 张小姐在借钱哪里?　（中国語訳）	張さんはどこでお金を借りるのか？ ➡ 张小姐在哪里借钱?　（中国語訳）	
10.	多少钱? Duōshǎo qián ➡ （中国語ピンイン）	多少钱? Duōshao qián ➡ （中国語ピンイン）	

小周还了辞典吗?

一 コラボ型会話のフレーズ（その１）

🔊 114

A 小周还了辞典吗?

Xiǎo Zhōu huán le cídiǎn ma?

周さんは辞典を返却したのか？

B 他还了辞典。

Tā huán le cídiǎn.

彼は辞典を返却した。

A 小王也还了辞典吗?

Xiǎo Wáng yě huán le cídiǎn ma?

王さんも辞典を返却したのか？

B 他没还辞典。

Tā méi huán cídiǎn.

彼は辞典を返却していない。

A 小宋还不还辞典?

Xiǎo Sòng huánbuhuán cídiǎn?

宋さんは辞典を返却しないのか？

B 他不还辞典。

Tā bù huán cídiǎn.

彼は辞典を返却しない。

解説:

"还不还" は反複疑問文。「肯定（还）＋否定（不还）」の構成で「〜を返却するのか（返却しないのか）」の意味を表す。

一 コラボ型会話のフレーズ（その2）

A 小徐在还辞典吗?
Xiǎo Xú zài huán cídiǎn ma?
徐さんは辞典を返却しているのか？

B 他在还辞典。
Tā zài huán cídiǎn.
彼は辞典を返却している。

A 小李也在还辞典吗?
Xiǎo Lǐ yě zài huán cídiǎn ma?
李さんも辞典を返却しているのか？

B 他也在还辞典。
Tā yě zài huán cídiǎn.
彼も辞典を返却している。

A 小孙在不在还辞典?
Xiǎo Sūn zàibuzài huán cídiǎn?
孫さんは辞典を返却していないのか？

B 他没在还辞典。
Tā méi zài huán cídiǎn.
彼は辞典を返却していない。

━ コラボ型会話のフレーズ（その３）

A 小张在哪里还辞典？
Xiǎo Zhāng zài nǎli huán cídiǎn?
張さんはどこで辞典を返却するのか？

B 他在图书馆还辞典。
Tā zài túshūguǎn huán cídiǎn.
彼は図書館で辞典を返却する。

A 小赵也在图书馆还辞典吗？
Xiǎo Zhào yě zài túshūguǎn huán cídiǎn ma?
趙さんも図書館で辞典を返却するのか？

B 他也在图书馆还辞典。
Tā yě zài túshūguǎn huán cídiǎn.
彼も図書館で辞典を返却する。

A 小朱在不在图书馆还辞典？
Xiǎo Zhū zàibuzài túshūguǎn huán cídiǎn?
朱さんは図書館で辞典を返却するのか？

B 他没在图书馆还辞典。
Tā méi zài túshūguǎn huán cídiǎn.
彼は図書館で辞典を返却していない。

一 コラボ型会話のフレーズ（その４）

A 小韩还过辞典吗？

Xiǎo Hán huánguo cídiǎn ma?

韓さんは辞典を返却したことがあるのか？

B 他还过辞典。

Tā huánguo cídiǎn.

彼は辞典を返却したことがある。

A 小陈也还过辞典吗？

Xiǎo Chén yě huánguo cídiǎn ma?

陳さんも辞典を返却したことがあるのか？

B 他没还过辞典。

Tā méi huánguo cídiǎn.

彼は辞典を返却したことがない。

A 小刘也没还过辞典吗？

Xiǎo Liú yě méi huánguo cídiǎn ma?

劉さんも辞典を返却したことがないのか？

B 不，他还过辞典。

Bù, tā huánguo cídiǎn.

いいえ、彼は辞典を返却したことがある。

コラボ型会話のフレーズ（その５）

🔊 118

A 小黄想还辞典吗？
Xiǎo Huáng xiǎng huán cídiǎn ma?
黄さんは辞典を返却したいのか？

B 他想还辞典。
Tā xiǎng huán cídiǎn.
彼は辞典を返却したい。

A 小胡也想还辞典吗？
Xiǎo Hú yě xiǎng huán cídiǎn ma?
胡さんも辞典を返却したいのか？

B 他也想还辞典。
Tā yě xiǎng huán cídiǎn.
彼も辞典を返却したい。

A 小曹想不想还辞典？
Xiǎo Cáo xiǎngbuxiǎng huán cídiǎn?
曹さんは辞典を返却したくないのか？

B 他不想还辞典。
Tā bù xiǎng huán cídiǎn.
彼は辞典を返却したくない。

■ コラボ型会話に出た単語

🔊119

1	还	huán	動詞	〜を返却する（返す）
2	辞典	cídiǎn	名詞	辞典
3	图书馆	túshūguǎn	名詞	図書館

三 中国語の豆知識

1. コミュニケーションに役立つ挨拶語・常用文 　その4
🔊 120

(1) 请问 (Qǐng wèn)。　　➡ お尋ねします。

(2) 请进 (Qǐng jìn)！　　➡ どうぞお入りください！

(3) 请坐 (Qǐng zuò)！　　➡ どうぞおかけください！

(4) 请喝茶 (Qǐng hē chá)。　　➡ お茶をどうぞ。

(5) 请抽烟 (Qǐng chōu yān)。　　➡ タバコをどうぞ。

2. 在中国日系企業の中国名 　その4
🔊 121

(1) 都科摩 (Dōukēmó)　　➡ ドコモ

(2) 优衣库 (Yōuyīkù)　　➡ ユニクロ

(3) 养乐多 (Yǎnglèduō)　　➡ ヤクルト

(4) 麒麟啤酒 (Qílínpíjiǔ)　　➡ キリンビール

(5) 三得利啤酒 (Sāndélìpíjiǔ)　➡ サントリービール

3. 中華料理シリーズ 　その4
🔊 122

(1) 回锅肉 (huíguōròu)　　➡ ホイコーロー

(2) 青椒肉丝 (qīngjiāoròusī)　➡ チンジャオロースー

(3) 麻婆豆腐 (mápódòufu)　　➡ マーボー豆腐

(4) 北京烤鸭 (běijīngkǎoyā)　➡ 北京ダック

(5) 什锦锅巴 (shíjǐnguōbā)　　➡ 五目おこげ

第十四課（第8単元）「復習とまとめ」の二者択一クイズ式課題

次のAとB、正しいのはどっち？

コラボ型会話のフレーズと中国語の豆知識を参考に、解答して下さい。　　（配点：5点×10問＝50点）

	A	B	解答
1.	彼は辞典を返却した。 ➡ 他还了辞典。（中国語訳）	彼は辞典を返却した。 ➡ 他还辞典。（中国語訳）	
2.	趙さんも図書館で辞典を返却するのか？ ➡ 小赵也在图书馆还辞典吗？（中国語訳）	趙さんも図書館で辞典を返却するのか？ ➡ 小赵在图书馆还辞典也吗？（中国語訳）	
3.	请进！ ➡ どうぞお入りください！（日本語訳）	请坐！ ➡ どうぞお入りください！（日本語訳）	
4.	他想还辞典。 ➡ 彼は辞典を返却したい。（日本語訳）	他想还辞典。 ➡ 彼は辞典を返却する。（日本語訳）	
5.	王さんも辞典を返却したのか？ ➡ 小王也还了辞典吗？（中国語訳）	王さんも辞典を返却したのか？ ➡ 小王还了辞典也吗？（中国語訳）	
6.	他在还辞典。 ➡ 彼は辞典を返却している。（日本語訳）	他在还辞典。 ➡ 彼は辞典を返却する。（日本語訳）	
7.	回锅肉 ➡ ホイコーロー（日本語訳）	什锦锅巴 ➡ ホイコーロー（日本語訳）	
8.	劉さんも辞典を返却したことがないのか？ ➡ 小刘也没还过辞典吗？（中国語訳）	劉さんも辞典を返却したことがないのか？ ➡ 小刘没还过辞典也吗？（中国語訳）	
9.	徐さんは辞典を返却しているのか？ ➡ 小徐还辞典在吗？（中国語訳）	徐さんは辞典を返却しているのか？ ➡ 小徐在还辞典吗？（中国語訳）	
10.	养乐多 ➡ ユニクロ（日系企業名）	优衣库 ➡ ユニクロ（日系企業名）	

注：採点方法は第8単元（会話編第十三課と第十四課）の合計で100点（満点）

一 コラボ型会話のフレーズ（その１）

🔊 123

A 钱小姐来了日本吗?

Qián xiǎojiě lái le Rìběn ma?

銭さんは日本に来たのか？

B 她来了日本。

Tā lái le Rìběn.

彼女は日本に来た。

A 宋小姐也来了日本吗?

Sòng xiǎojiě yě lái le Rìběn ma?

宋さんも日本に来たのか？

B 她没来日本。

Tā méi lái Rìběn.

彼女は日本に来ていない。

A 赵小姐来不来日本?

Zhào xiǎojiě láibulái Rìběn?

趙さんは日本に来ないのか？

B 她今年不来日本。

Tā jīnnián bù lái Rìběn.

彼女は今年日本に来ない。

解説：
"来不来" は反復疑問文。「肯定（来）＋否定（不来）」の構成で「～に来るのか（来ないのか）」の意味を表す。

一 コラボ型会話のフレーズ（その2）

A 李小姐在来日本吗？
Lǐ xiǎojiě zài lái Rìběn ma?
李さんは日本に来ているのか？

B 她正在来日本。
Tā zhèng zài lái Rìběn.
彼女はちょうど日本に来ているところだ。

A 徐小姐也在来日本吗？
Xú xiǎojiě yě zài lái Rìběn ma?
徐さんも日本に来ているのか？

B 她也正在来日本。
Tā yě zhèng zài lái Rìběn.
彼女もちょうど日本に来ているところだ。

A 孙小姐在不在来日本？
Sūn xiǎojiě zàibuzài lái Rìběn?
孫さんは日本に来ていないのか？

B 她没来日本。
Tā méi lái Rìběn.
彼女は日本に来ていない。

第十五課

◀)) 125

A 张小姐是从哪里来日本的?

Zhāng xiǎojiě shì cóng nǎli lái Rìběn de?

張さんはどこから日本に来たのか？

B 她是从北京来日本的。

Tā shì cóng Běijīng lái Rìběn de.

彼女は北京から日本に来たのだ。

A 周小姐也是从北京来日本的吗?

Zhōu xiǎojiě yě shì cóng Běijīng lái Rìběn de ma?

周さんも北京から日本に来たのか？

B 她也是从北京来日本的。

Tā yě shì cóng Běijīng lái Rìběn de.

彼女も北京から日本に来たのだ。

A 朱小姐是不是从北京来日本的?

Zhū xiǎojiě shìbushì cóng Běijīng lái Rìběn de?

朱さんは北京から日本に来たのか？

B 她不是从北京来日本的。

Tā bú shì cóng Běijīng lái Rìběn de.

彼女は北京から日本に来たのではない。

解説：
1. "是不是" は反復疑問文。「肯定（是）＋否定（不是）」の構成で「〜か（でないのか）」の意味を表す。
2. "是…的" は過去の事柄を説明・強調する際に用いるが、"是" は省略が多い。

一 コラボ型会話のフレーズ（その４）

🔊 126

A 韩小姐来过日本吗？

Hán xiǎojiě láiguo Rìběn ma?

韓さんは日本に来たことがあるのか？

B 她来过日本。

Tā láiguo Rìběn.

彼女は日本に来たことがある。

A 陈小姐也来过日本吗？

Chén xiǎojiě yě láiguo Rìběn ma?

陳さんも日本に来たことがあるのか？

B 她没来过日本。

Tā méi láiguo Rìběn.

彼女は日本に来たことがない。

A 刘小姐也没来过日本吗？

Liú xiǎojiě yě méi láiguo Rìběn ma?

劉さんも日本に来たことがないのか？

B 不，她来过日本。

Bù, tā láiguo Rìběn.

いいえ、彼女は日本に来たことがある。

■)) 127

A 黄小姐想来日本吗？
Huáng xiǎojiě xiǎng lái Rìběn ma?
黄さんは日本に来たいのか？

B 她想来日本。
Tā xiǎng lái Rìběn.
彼女は日本に来たい。

A 胡小姐也想来日本吗？
Hú xiǎojiě yě xiǎng lái Rìběn ma?
胡さんも日本に来たいのか？

B 她也想来日本。
Tā yě xiǎng lái Rìběn.
彼女も日本に来たい。

A 曹小姐想不想来日本？
Cáo xiǎojiě xiǎngbuxiǎng lái Rìběn?
曹さんは日本に来たくないのか？

B 她今年不想来日本。
Tā jīnnián bù xiǎng lái Rìběn.
彼女は今年日本に来たくない。

■ コラボ型会話に出た単語

1	来	lái	動詞	～に来る
2	北京	Běijīng	地名	北京（中国の首都）
3	日本	Rìběn	国名	日本
4	今年	jīnnián	名詞	今年
5	正	zhèng	副詞	動作が進行中であることを表す

三 中国語の豆知識

1. コミュニケーションに役立つ挨拶語・常用文 その5

(1) 再见 (Zài jiàn)！ ➡ さようなら！

(2) 明天见 (Míngtiān jiàn)！ ➡ また明日！

(3) 回头见 (Huítóu jiàn)！ ➡ 後でまた！

(4) 后会有期 (Hòuhuì yǒuqī)！ ➡ またお会いしましょう！

(5) 不见不散 (Bú jiàn bú sàn)！ ➡ 会えるまで待ちます！

2. 日常生活用語シリーズ その1

🔊 130

(1) 汽车 (qìchē) ➡ 自動車

(2) 电车 (diànchē) ➡ 電車

(3) 轮船 (lúnchuán) ➡ 船

(4) 飞机 (fēijī) ➡ 飛行機

(5) 卡车 (kǎchē) ➡ トラック

(6) 轿车 (jiàochē) ➡ 乗用車

(7) 吉普车 (jípǔchē) ➡ ジープ

(8) 面包车 (miànbāochē) ➡ ワゴン車

(9) 摩托车 (mótuōchē) ➡ オートバイ

(10) 自行车 (zìxíngchē) ➡ 自転車

(11) 公共汽车 (gōnggòngqìchē) ➡ バス

(12) 出租汽车 (chūzūqìchē) ➡ タクシー

第十五課（第9単元）「復習とまとめ」の二者択一クイズ式課題

次のAとB、正しいのはどっち？

コラボ型会話のフレーズと中国語の豆知識を参考に、解答して下さい。　　（配点：5点×10問＝50点）

	A	B	解答
1.	她来了日本。 ➡ 彼女は日本に来る。（日本語訳）	她来了日本。 ➡ 彼女は日本に来た。（日本語訳）	
2.	彼女は北京から日本に来たのではない。 ➡ 她不是从北京来日本的。(中国語訳)	彼女は北京から日本に来たのではない。 ➡ 她不是来日本从北京的。(中国語訳)	
3.	公共汽车 ➡ タクシー（日本語訳）	出租汽车 ➡ タクシー（日本語訳）	
4.	她想来日本。 ➡ 彼女は日本に来たい。（日本語訳）	她想来日本。 ➡ 彼女は日本に来る。（日本語訳）	
5.	ワゴン車 ➡ 面包车（中国語訳）	ワゴン車 ➡ 摩托车（中国語訳）	
6.	張さんはどこから日本に来たのか？ ➡ 张小姐是从哪里来日本的?(中国語訳)	張さんはどこから日本に来たのか？ ➡ 张小姐从哪里来日本是的?(中国語訳)	
7.	彼女は日本に来ていない。 ➡ 她没来日本。（中国語訳）	彼女は日本に来ていない。 ➡ 她不来日本。（中国語訳）	
8.	陳さんも日本に来たことがあるのか？ ➡ 陈小姐也来过日本吗？（中国語訳）	陳さんも日本に来たことがあるのか？ ➡ 陈小姐来过日本也吗？（中国語訳）	
9.	回头见！ ➡ また明日！（日本語訳）	回头见！ ➡ 後でまた！（日本語訳）	
10.	彼女は今年日本に来たくない。 ➡ 她今年不想来日本。(中国語訳)	彼女は今年日本に来たくない。 ➡ 她今年不来日本想。(中国語訳)	

第十六課 | 加藤女士**去**了中国吗?

一 コラボ型会話のフレーズ（その 1） 🔊 131

A 加藤女士去了中国吗?
Jiāténg nǚshì qù le Zhōngguó ma?
加藤さんは中国に行ったのか？

B 她去了中国。
Tā qù le Zhōngguó.
彼女は中国に行った。

A 田中女士也去了中国吗?
Tiánzhōng nǚshì yě qù le Zhōngguó ma?
田中さんも中国に行ったのか？

B 她没去中国。
Tā méi qù Zhōngguó.
彼女は中国に行っていない。

A 铃木女士去不去中国?
Língmù nǚshì qùbuqù Zhōngguó?
鈴木さんは中国に行かないのか？

B 她今年不去中国。
Tā jīnnián bú qù Zhōngguó.
彼女は今年中国に行かない。

解説：
"去不去" は反複疑問文。「肯定（去）＋否定（不去）」の構成で「～に行くのか（行かないのか）」の意味を表す。

一 コラボ型会話のフレーズ（その２）

A 佐藤女士在去中国吗？
Zuǒténg nǚshì zài qù Zhōngguó ma?
佐藤さんは中国に行っているのか？

B 她正在去中国。
Tā zhèng zài qù Zhōngguó.
彼女はちょうど中国に行っているところだ。

A 内藤女士也在去中国吗？
Nèiténg nǚshì yě zài qù Zhōngguó ma?
内藤さんも中国に行っているのか？

B 她也正在去中国。
Tā yě zhèng zài qù Zhōngguó.
彼女もちょうど中国に行っているところだ。

A 高桥女士在不在去中国？
Gāoqiáo nǚshì zàibuzài qù Zhōngguó?
高橋さんは中国に行っていないのか？

B 她没去中国。
Tā méi qù Zhōngguó.
彼女は中国に行っていない。

コラボ型会話のフレーズ（その3）

A 桥本女士是从哪里去中国的？

Qiáoběn nǚshì shì cóng nǎli qù Zhōngguó de?

橋本さんはどこから中国に行ったのか？

B 她是从东京去中国的。

Tā shì cóng Dōngjīng qù Zhōngguó de.

彼女は東京から中国に行ったのだ。

A 福田女士也是从东京去中国的吗？

Fútián nǚshì yě shì cóng Dōngjīng qù Zhōngguó de ma?

福田さんも東京から中国に行ったのか？

B 她也是从东京去中国的。

Tā yě shì cóng Dōngjīng qù Zhōngguó de.

彼女も東京から中国に行ったのだ。

A 池田女士是不是从东京去中国的？

Chítián nǚshì shìbushì cóng Dōngjīng qù Zhōngguó de?

池田さんは東京から中国に行ったのか？

B 她不是从东京去中国的。

Tā bú shì cóng Dōngjīng qù Zhōngguó de.

彼女は東京から中国に行ったのではない。

解説：

从cóng（介詞）…より …から

コラボ型会話のフレーズ（その４）

🔊 134

A 山田女士去过中国吗？
Shāntián nǚshì qùguo Zhōngguó ma?
山田さんは中国に行ったことがあるのか？

B 她去过中国。
Tā qùguo Zhōngguó.
彼女は中国に行ったことがある。

A 山本女士也去过中国吗？
Shānběn nǚshì yě qùguo Zhōngguó ma?
山本さんも中国に行ったことがあるのか？

B 她没去过中国。
Tā méi qùguo Zhōngguó.
彼女は中国に行ったことがない。

A 坂本女士也没去过中国吗？
Bǎnběn nǚshì yě méi qùguo Zhōngguó ma?
坂本さんも中国に行ったことがないのか？

B 不，她去过中国。
Bù, tā qùguo Zhōngguó.
いいえ、彼女は中国に行ったことがある。

🔊 135

A 渡边女士想去中国吗?

Dùbiān nǚshì xiǎng qù Zhōngguó ma?

渡辺さんは中国に行きたいのか？

B 她想去中国。

Tā xiǎng qù Zhōngguó.

彼女は中国に行きたい。

A 松坂女士也想去中国吗?

Sōngbǎn nǚshì yě xiǎng qù Zhōngguó ma?

松坂さんも中国に行きたいのか？

B 她也想去中国。

Tā yě xiǎng qù Zhōngguó.

彼女も中国に行きたい。

A 佐久间女士想不想去中国?

Zuǒjiǔjiān nǚshì xiǎngbuxiǎng qù Zhōngguó?

佐久間さんは中国に行きたくないのか？

B 她今年不想去中国。

Tā jīnnián bù xiǎng qù Zhōngguó.

彼女は今年中国に行きたくない。

■ コラボ型会話に出た単語

🔊 136

1	女士	nǚshì	名詞	女性に対する尊称（特に外交・公式の場で姓または姓名の後に用いる）
2	去	qù	動詞	～に行く
3	东京	Dōngjīng	地名	東京（日本の首都）
4	中国	Zhōngguó	国名	中国

三 中国語の豆知識

1. コミュニケーシュンに役立つ挨拶語・常用文 その6 🔊 137

(1) 加油（Jiā yóu）！　　➡ 頑張れ！

(2) 真帅（Zhēn shuài）！　➡ 本当にかっこういい！

(3) 没问题（Méi wèntí）！　➡ 大丈夫！

(4) 放心吧（Fàng xīn ba）！➡ ご安心ください！

(5) 太棒了（Tài bàng le）！ ➡ 本当に凄い！

2. 日常生活用語シリーズ その2 🔊 138

(1)　茄子（qiézi）　　　➡ なす

(2)　黄瓜（huánggua）　 ➡ キュウリ

(3)　白菜（báicài）　　 ➡ 白菜

(4)　花菜（huācài）　　 ➡ カリフラワー

(5)　菠菜（bōcài）　　　➡ ホウレン草

(6)　土豆（tǔdòu）　　　➡ ジャガイモ

(7)　毛豆（máodòu）　　 ➡ 枝豆

(8)　萝卜（luóbo）　　　➡ 大根

(9)　芋芳（yùnǎi）　　　➡ 里芋

(10) 卷心菜（juǎnxīncài） ➡ キャベツ

(11) 西红柿（xīhóngshì） ➡ トマト

(12) 西兰花（xīlánhuā）　➡ ブロッコリー

次のAとB、正しいのはどっち？

「コラボ型会話のフレーズと中国語の豆知識を参考に、解答して下さい。　　（配点：5点×10問＝50点）

	A	B	解答
1.	她去了中国。 ➡ 彼女は中国に行く。（日本語訳）	她去了中国。 ➡ 彼女は中国に行った。（日本語訳）	
2.	彼女は今年中国に行きたくない。 ➡ 她今年不想中国去。（中国語訳）	彼女は今年中国に行きたくない。 ➡ 她今年不想去中国。（中国語訳）	
3.	花菜 ➡ カリフラワー（日本語訳）	卷心菜 ➡ カリフラワー（日本語訳）	
4.	彼女は中国に行ったことがある。 ➡ 她过去中国。（中国語訳）	彼女は中国に行ったことがある。 ➡ 她去过中国。（中国語訳）	
5.	彼女は東京から中国に行ったのだ。 ➡ 她是从东京去中国的。（中国語訳）	彼女は東京から中国に行ったのだ。 ➡ 她是去中国从东京的。（中国語訳）	
6.	放心吧！ ➡ ご安心ください！（日本語訳）	放心吧！ ➡ 放心状態におちいった。（日本語訳）	
7.	山本さんも中国に行ったことがあるのか？ ➡ 山本女士也去过中国吗？（中国語訳）	山本さんも中国に行ったことがあるのか？ ➡ 山本女士去过中国也吗？（中国語訳）	
8.	加油！ ➡ 大丈夫！（日本語訳）	加油！ ➡ 頑張れ！（日本語訳）	
9.	佐久間さんは中国に行きたくないのか？ ➡ 佐久間女士想不想去中国?（中国語訳）	佐久間さんは中国に行きたくないのか？ ➡ 佐久間女士不想去想中国?（中国語訳）	
10.	西红柿（xīhóngshì） ➡ トマト（日本語訳）	西红柿（xīhóngshì） ➡ 赤い柿（日本語訳）	

注：採点方法は第9単元（会話編第十五課と第十六課）の合計で100点（満点）

第十六課

163

陈先生穿了西装吗?

一 コラボ型会話のフレーズ（その1） 🔊 139

A
陈先生穿了西装吗?
Chén xiānsheng chuān le xīzhuāng ma?
陈さんはスーツを着たのか？

B
他穿了西装。
Tā chuān le xīzhuāng.
彼はスーツを着た。

A
王先生也穿了西装吗?
Wáng xiānsheng yě chuān le xīzhuāng ma?
王さんもスーツを着たのか？

B
他没穿西装。
Tā méi chuān xīzhuāng.
彼はスーツを着ていない。

A
宋先生穿不穿西装?
Sòng xiānsheng chuānbuchuān xīzhuāng?
宋さんはスーツを着ないのか？

B
他不穿西装。
Tā bù chuān xīzhuāng.
彼はスーツを着ない。

❶ コラボ型会話のフレーズ（その2）

A 徐先生在穿西装吗？

Xú xiānsheng zài chuān xīzhuāng ma?

徐さんはスーツを着ているのか？

B 他在穿西装。

Tā zài chuān xīzhuāng.

彼はスーツを着ている。

A 李先生也在穿西装吗？

Lǐ xiānsheng yě zài chuān xīzhuāng ma?

李さんもスーツを着ているのか？

B 他也在穿西装。

Tā yě zài chuān xīzhuāng.

彼もスーツを着ている。

A 孙先生在不在穿西装？

Sūn xiānsheng zàibuzài chuān xīzhuāng?

孫さんはスーツを着ていないのか？

B 他没在穿西装。

Tā méi zài chuān xīzhuāng.

彼はスーツを着ていない。

解説：
"穿不穿" は反複疑問文。「肯定（穿）＋否定（不穿）」の構成で「〜を着るのか（着ないのか）」の意味を表す。

第十七課

● コラボ型会話のフレーズ（その3）

A 张先生在哪里穿西装？

Zhāng xiānsheng zài nǎli chuān xīzhuāng?

張さんはどこでスーツを着るのか？

B 他在公司穿西装。

Tā zài gōngsī chuān xīzhuāng.

彼は会社でスーツを着る。

A 周先生也在公司穿西装吗？

Zhōu xiānsheng yě zài gōngsī chuān xīzhuāng ma?

周さんも会社でスーツを着るのか？

B 他也在公司穿西装。

Tā yě zài gōngsī chuān xīzhuāng.

彼も会社でスーツを着る。

A 朱先生在不在公司穿西装？

Zhū xiānsheng zàibuzài gōngsī chuān xīzhuāng?

朱さんは会社でスーツを着るのか？

B 他不在公司穿西装。

Tā bú zài gōngsī chuān xīzhuāng.

彼は会社でスーツを着ない。

コラボ型会話のフレーズ（その４）

🔊 142

A 韩先生穿过西装吗？

Hán xiānsheng chuānguo xīzhuāng ma?

韓さんはスーツを着たことがあるのか？

B 他穿过西装。

Tā chuānguo xīzhuāng.

彼はスーツを着たことがある。

A 诸葛先生也穿过西装吗？

Zhūgě xiānsheng yě chuānguo xīzhuāng ma?

諸葛さんもスーツを着たことがあるのか？

B 他没穿过西装。

Tā méi chuānguo xīzhuāng.

彼はスーツを着たことがない。

A 刘先生也没穿过西装吗？

Liú xiānsheng yě méi chuānguo xīzhuāng ma?

劉さんもスーツを着たことがないのか？

B 不，他穿过西装。

Bù, tā chuānguo xīzhuāng.

いいえ、彼はスーツを着たことがある。

A

黄先生想穿西装吗？

Huáng xiānsheng xiǎng chuān xīzhuāng ma?

黄さんはスーツを着たいのか？

B

他想穿西装。

Tā xiǎng chuān xīzhuāng.

彼はスーツを着たい。

A

胡先生也想穿西装吗？

Hú xiānsheng yě xiǎng chuān xīzhuāng ma?

胡さんもスーツを着たいのか？

B

他也想穿西装。

Tā yě xiǎng chuān xīzhuāng.

彼もスーツを着たい。

A

曹先生想不想穿西装？

Cáo xiānsheng xiǎngbuxiǎng chuān xīzhuāng?

曹さんはスーツを着たくないのか？

B

他不想穿西装。

Tā bù xiǎng chuān xīzhuāng.

彼はスーツを着たくない。

■ コラボ型会話に出た単語

1	穿	chuān	動詞	～を着る
2	西装	xīzhuāng	名詞	スーツ
3	公司	gōngsī	名詞	会社

三 中国語の豆知識

1. コミュニケーシュンに役立つ挨拶語・常用文　その7

(1) 谢谢（Xiè xie）！　➡ ありがとう！

(2) 不用谢（Búyòng xiè）！　➡ どういたしまして！

(3) 对不起（Duì bu qǐ）！　➡ ごめんなさい！

(4) 没关系（Méi guānxi）！　➡ 大丈夫！

(5) 请等一下（Qǐng děng yíxià）！　➡ ちょっとお待ち下さい！

2. 日常生活用語シリーズ　その3

(1) 香蕉（xiāngjiāo）　➡ バナナ

(2) 苹果（píngguǒ）　➡ リンゴ

(3) 西瓜（xīguā）　➡ スイカ

(4) 橘子（júzi）　➡ ミカン

(5) 梨（lí）　➡ 梨

(6) 草莓（cǎoméi）　➡ イチゴ

(7) 乌龙茶（wūlóngchá）　➡ ウーロン茶

(8) 矿泉水（kuàngquánshuǐ）　➡ ミネラルウォーター

(9) 可口可乐（kěkǒukělè）　➡ コカコーラ

(10) 牛奶（niúnǎi）　➡ 牛乳

(11) 酸奶（suānnǎi）　➡ ヨーグルト

(12) 豆浆（dòujiāng）　➡ 豆乳

次のAとB、正しいのはどっち？

コラボ型会話のフレーズと中国語の豆知識を参考に、解答して下さい。　　（配点：5点×10問＝50点）

	A	B	解答
1.	他穿了西装。 ➡ 彼はスーツを着る。（日本語訳）	他穿了西装。 ➡ 彼はスーツを着た。（日本語訳）	
2.	張さんはどこでスーツを着るのか？ ➡ 张先生在哪里穿西装？（中国語訳）	張さんはどこでスーツを着るのか？ ➡ 张先生穿西装哪里在？（中国語訳）	
3.	ヨーグルト ➡ 酸奶（中国語訳）	ヨーグルト ➡ 牛奶（中国語訳）	
4.	彼はスーツを着ない。 ➡ 他不穿西装。（中国語訳）	彼はスーツを着ない。 ➡ 他没穿西装。（中国語訳）	
5.	彼もスーツを着たい。 ➡ 他也想穿西装。（中国語訳）	彼もスーツを着たい。 ➡ 他想穿西装也。（中国語訳）	
6.	周さんも会社でスーツを着るのか？ ➡ 周先生也在公司穿西装吗？（中国語訳）	周さんも会社でスーツを着るのか？ ➡ 周先生也在公司西装穿吗？（中国語訳）	
7.	コカコーラ ➡ 矿泉水（中国語訳）	コカコーラ ➡ 可口可乐（中国語訳）	
8.	彼もスーツを着ている。 ➡ 他也在穿西装。（中国語訳）	彼もスーツを着ている。 ➡ 他在穿西装也。（中国語訳）	
9.	劉さんもスーツを着たことがないのか？ ➡ 刘先生也没穿过西装吗？（中国語訳）	劉さんもスーツを着たことがないのか？ ➡ 刘先生没穿过西装也吗？（中国語訳）	
10.	对不起！ ➡ どういたしまして！（日本語訳）	不用谢！ ➡ どういたしまして！（日本語訳）	

高桥先生脱了大衣吗?

一 コラボ型会話のフレーズ（その1） 🔊 147

A 高桥先生脱了大衣吗?
Gāoqiáo xiānsheng tuō le dàyī ma?
高橋さんはオーバーコートを脱いだのか？

B 他脱了大衣。
Tā tuō le dàyī.
彼はオーバーコートを脱いだ。

A 田中先生也脱了大衣吗?
Tiánzhōng xiānsheng yě tuō le dàyī ma?
田中さんもオーバーコートを脱いだのか？

B 他没脱大衣。
Tā méi tuō dàyī.
彼はオーバーコートを脱いでいない。

A 铃木先生脱不脱大衣?
Língmù xiānsheng tuōbutuō dàyī?
鈴木さんはオーバーコートを脱がないのか？

B 他不脱大衣。
Tā bù tuō dàyī.
彼はオーバーコートを脱がない。

一 コラボ型会話のフレーズ（その２）

A 加藤先生在脱大衣吗？

Jiāténg xiānsheng zài tuō dàyī ma?

加藤さんはオーバーコートを脱いでいるのか？

B 他在脱大衣。

Tā zài tuō dàyī.

彼はオーバーコートを脱いでいる。

A 内藤先生也在脱大衣吗？

Nèiténg xiānsheng yě zài tuō dàyī ma?

内藤さんもオーバーコートを脱いでいるのか？

B 他也在脱大衣。

Tā yě zài tuō dàyī.

彼もオーバーコートを脱いでいる。

A 桥本先生在不在脱大衣？

Qiáoběn xiānsheng zàibuzài tuō dàyī?

橋本さんはオーバーコートを脱いでいないのか？

B 他没在脱大衣。

Tā méi zài tuō dàyī.

彼はオーバーコートを脱いでいない。

解説：
“脱不脱” は反復疑問文。「肯定（脱）＋否定（不脱）」の構成で「〜を脱ぐのか（脱がないのか）」の意味を表す。

🔊 149

A 福田先生在哪里脱大衣？

Fútián xiānsheng zài nǎli tuō dàyī?

福田さんはどこでオーバーコートを脱ぐのか？

B 他在宾馆脱大衣。

Tā zài bīnguǎn tuō dàyī.

彼はホテルでオーバーコートを脱ぐ。

A 池田先生也在宾馆脱大衣吗？

Chítián xiānsheng yě zài bīnguǎn tuō dàyī ma?

池田さんもホテルでオーバーコートを脱ぐのか？

B 他也在宾馆脱大衣。

Tā yě zài bīnguǎn tuō dàyī.

彼もホテルでオーバーコートを脱ぐ。

A 山田先生在不在宾馆脱大衣？

Shāntián xiānsheng zàibuzài bīnguǎn tuō dàyī?

山田さんはホテルでオーバーコートを脱ぐのか？

B 他不在宾馆脱大衣。

Tā bú zài bīnguǎn tuō dàyī.

彼はホテルでオーバーコートを脱がない。

コラボ型会話のフレーズ（その４）

🔊 150

A 山本先生脱过大衣吗？

Shānběn xiānsheng tuōguo dàyī ma?

山本さんはオーバーコートを脱いだことがあるのか？

B 他脱过大衣。

Tā tuōguo dàyī.

彼はオーバーコートを脱いだことがある。

A 坂本先生也脱过大衣吗？

Bǎnběn xiānsheng yě tuōguo dàyī ma?

坂本さんもオーバーコートを脱いだことがあるのか？

B 他没脱过大衣。

Tā méi tuōguo dàyī.

彼はオーバーコートを脱いだことがない。

A 渡边先生也没脱过大衣吗？

Dùbiān xiānsheng yě méi tuōguo dàyī ma?

渡辺さんもオーバーコートを脱いだことがないのか？

B 不，他脱过大衣。

Bù, tā tuōguo dàyī.

いいえ、彼はオーバーコートを脱いだことがある。

A 松坂先生想脱大衣吗？

Sōngbǎn xiānsheng xiǎng tuō dàyī ma?

松坂さんはオーバーコートを脱ぎたいのか？

B 他想脱大衣。

Tā xiǎng tuō dàyī.

彼はオーバーコートを脱ぎたい。

A 大久保先生也想脱大衣吗？

Dàjiǔbǎo xiānsheng yě xiǎng tuō dàyī ma?

大久保さんもオーバーコートを脱ぎたいのか？

B 他也想脱大衣。

Tā yě xiǎng tuō dàyī.

彼もオーバーコートを脱ぎたい。

A 长谷川先生想不想脱大衣？

Chánggǔchuān xiānsheng xiǎngbuxiǎng tuō dàyī?

長谷川さんはオーバーコートを脱ぎたくないのか？

B 他不想脱大衣。

Tā bù xiǎng tuō dàyī.

彼はオーバーコートを脱ぎたくない。

ニ コラボ型会話に出た単語

1	脱	tuō	動詞	～を脱ぐ
2	大衣	dàyī	名詞	オーバーコート
3	宾馆	bīnguǎn	名詞	ホテル

第十八課

177

三 中国語の豆知識

1. コミュニケーションに役立つ挨拶語・常用文　その8

🔊 153

(1) 让你久等了 (Ràng nǐ jiǔ děng le)！　➡ お待たせしました！

(2) 麻烦你了 (Máfan nǐ le)！　➡ ご面倒をおかけしました！

(3) 让你担心了 (Ràng nǐ dān xīn le)！　➡ ご心配をおかけしました！

(4) 祝你生日快乐 (Zhù nǐ shēngri kuài lè)！　➡ お誕生日おめでとう！

(5) 祝你一路顺风 (Zhù nǐ yílùshùnfēng)！　➡ 道中ご無事で！

2. 日常生活用語シリーズ　その4

🔊 154

(1) 银行 (yínháng)　➡ 銀行

(2) 邮局 (yóujú)　➡ 郵便局

(3) 电影院 (diànyǐngyuàn)　➡ 映画館

(4) 剧院 (jùyuàn)　➡ 劇場

(5) 音乐厅 (yīnyuètīng)　➡ コンサートホール

(6) 餐馆 (cānguǎn)　➡ レストラン

(7) 酒店 (jiǔdiàn)　➡ ホテル

(8) 信用卡 (xìnyòngkǎ)　➡ クレジットカード

(9) 麦当劳 (Màidāngláo)　➡ マクドナルド

(10) 肯德基 (Kěndéjī)　➡ ケンタッキー

(11) 必胜客 (Bìshèngkè)　➡ ピザハット

(12) 星巴克咖啡 (Xīngbākèkāfēi)　➡ スターバックス コーヒー

第十八課（第10単元）「復習とまとめ」の二者択一クイズ式課題

次のAとB、正しいのはどっち？

コラボ型会話のフレーズと中国語の豆知識を参考に、解答して下さい。　　（配点：5点×10問＝50点）

	A	B	解答
1.	他脱了大衣。 ➡ 彼はオーバーコートを脱ぐ。（日本語訳）	他脱了大衣。 ➡ 彼はオーバーコートを脱いだ。（日本語訳）	
2.	大久保さんもオーバーコートを脱ぎたいのか？ ➡ 大久保先生也想脱大衣吗？（中国語訳）	大久保さんもオーバーコートを脱ぎたいのか？ ➡ 大久保先生想也脱大衣吗？（中国語訳）	
3.	他脱过大衣。 Tā tuōguo dàyī. ➡（中国語のピンイン）	他脱过大衣。 Tā tuōguò dàyī. ➡（中国語のピンイン）	
4.	彼はオーバーコートを脱ぎたくない。 ➡ 他不想脱大衣。（中国語訳）	彼はオーバーコートを脱ぎたくない。 ➡ 他想脱大衣不。（中国語訳）	
5.	音乐厅 ➡ コンサートホール（日本語訳）	剧院 ➡ コンサートホール（日本語訳）	
6.	鈴木さんはオーバーコートを脱がないのか？ ➡ 铃木先生脱不脱大衣？（中国語訳）	鈴木さんはオーバーコートを脱がないのか？ ➡ 铃木先生不脱大衣脱？（中国語訳）	
7.	彼はオーバーコートを脱いだことがない。 ➡ 他没脱过大衣。（中国語訳）	彼はオーバーコートを脱いだことがない。 ➡ 他不脱过大衣。（中国語訳）	
8.	让你担心了！ ➡ お待たせしました！（日本語訳）	让你久等了！ ➡ お待たせしました！（日本語訳）	
9.	福田さんはどこでオーバーコートを脱ぐのか？ ➡ 福田先生在哪里脱大衣？（中国語訳）	福田さんはどこでオーバーコートを脱ぐのか？ ➡ 福田先生在脱大衣哪里？（中国語訳）	
10.	肯德基 ➡ マクドナルド（日本語訳）	麦当劳 ➡ マクドナルド（日本語訳）	

注：採点方法は第10単元（会話編第十七課と第十八課）の合計で100点（満点）

単語索引 ➡ 会話編に出た単語のまとめ

　本教科書会話編に出た単語を表１～表３にまとめたので、反復復習して、例文と併せて覚えて欲しいです。

一、会話編に出た「助詞・副詞・介詞・助動詞など」（表１参照）
　本教科書会話編に出た「助詞・副詞・介詞・助動詞など」とその例文を表１にまとめました。

表１　会話編に出た「助詞・副詞・介詞・助動詞など」とその例文一覧表

			解　説	例　文		
				疑問文	肯定文	否定文
1.	吗 ma	助詞	疑問を表し、末尾に用いる。	你吃炒饭吗?	我吃。	我不吃。
2.	了 le	助詞	動詞の後に置いて、動作の完了を表す。	你吃了炒饭吗?	我吃了。	我没吃。
3.	过 guo	助詞	すでになされていることを表す。	你吃过炒饭吗?	我吃过。	我没吃过。
4.	不 bù	副詞	否定の意味を表す。	你吃炒饭吗?	我吃。	我不吃。
5.	没 méi	副詞	否定の意味を表す。	你吃了炒饭吗?	我吃了。	我没吃。
6.	在 zài	副詞	…している。	你在吃炒饭吗?	我在吃。	我没在吃。
7.	也 yě	副詞	同じであることを表す。	你也吃炒饭吗?	我也吃。	我不吃。
8.	在 zài	介詞	事柄の時間・地点・状況・範囲などを表す。	你在哪里吃炒饭?	我在食堂吃。	我不在食堂吃。
9.	想 xiǎng	助動詞	…したい（…するつもり）。	你想吃炒饭吗?	我想吃。	我不想吃。
10.	和 hé	接続詞	…と…	你有姐姐和妹妹吗?	我有姐姐和妹妹。	我没有姐姐和妹妹。
11.	正 zhèng	副詞	動作が進行中であることを表す。	她正在来日本吗?	她正在来日本。	她没来日本。

注：1～9はコラボ型会話フレーズに用いる9個の「助詞・副詞・介詞・助動詞」です。

二、会話編に出た代詞と主な主語呼称（表2参照）

本教科書会話編に出た代詞・主な主語呼称とその例文を表2にまとめました。

表2　会話編に出た代詞・主な主語呼称とその例文一覧表

		解　説	例　文		
			疑問文	肯定文	否定文
1.	我 wǒ（代詞）	私 接尾語 "们 men" をつけると複数を表す。	你是中国人吗?	我是。	我不是。
2.	你 nǐ（代詞）	あなた 接尾語 "们 men" をつけると複数を表す。	你是留学生吗?	我是。	我不是。
3.	您 nín（代詞）	あなたの敬称 接尾語 "们 men" をつけると複数を表す。	您是老师吗?	我是。	我不是。
4.	他 tā（代詞）	彼 接尾語 "们 men" をつけると複数を表す。	他是学生吗?	他是。	他不是。
5.	她 tā（代詞）	彼女 接尾語 "们 men" をつけると複数を表す。	她是大学生吗?	她是。	她不是。
6.	哪 nǎ（代詞）	どこ	你是哪国人?	我是日本人。	我不是日本人。
	小姐 xiǎojiě	主に若い女性に対する呼称としての "さん" という意味です。	李小姐是学生吗?	她是。	她不是。
7.	小张 xiǎozhāng	中国語は苗字の前に "小" と "老" をつけると日本語の "さん" の意味になる。	小张来日本吗?	他来。	他不来。
8.	同学 tóngxué	同じ学校で学ぶ学生に対する呼称（「同窓・クラスメート・～さん」の意味）	内藤同学说汉语吗?	他说。	他不说。
9.	先生 xiānsheng	先生、～さん、他人の夫、または自分の夫に対する呼称	王先生喝啤酒吗?	他喝。	他不喝。
10.	太太 tàitai	他人の妻、または自分の妻に対する呼称	宋太太买毛衣吗?	她买。	她不买。
11.	女士 nǚshì	女性に対する尊称（特に外交・公式の場で姓または姓名の後に用いる）	佐藤女士去中国吗?	她去。	她不去。

三、会話編に出た「動詞とその目的語」（表3参照）

本教科書会話編に出た動詞とその目的語を表3にまとめました。

表3　会話編に出た動詞とその目的語一覧表

	中国語	日本語訳	例　文		
			疑問文	肯定文	否定文
1.	姓 xìng	…と申す	您贵姓?	我姓张。	我不姓张。
2.	叫 jiào	…という	你叫什么名字?	我叫张良。	我不叫张良。
3.	是 shì	…です	你是中国人吗?	我是。	我不是。
4.	在 zài	…にある	你家在哪里?	我家在上海。	我家不在上海。
5.	有 yǒu	…がある	你有妹妹吗?	我有。	我没有。
6.	住 zhù	…に住む	你住哪里?	我住家里。	我不住家里。
7.	听 tīng	…を聴く	你听音乐吗?	我听。	我不听。
8.	说 shuō	…を話す	佐藤小姐说汉语吗?	她说。	她不说。
9.	读 dú	…を読む	佐藤同学读课本吗?	她读。	她不读。
10.	写 xiě	…を書く	张小姐写信吗?	她写。	她不写。
11.	吃 chī	…を食べる	佐藤小姐吃炒饭吗?	她吃。	她不吃。
12.	喝 hē	…を飲む	老张喝啤酒吗?	他喝。	他不喝。
13.	看 kàn	…を見る	佐藤小姐看电影吗?	她看。	她不看。
14.	坐 zuò	…に乗る	张先生坐飞机吗?	他坐。	他不坐。
15.	买 mǎi	…を買う	张太太买毛衣吗?	她买。	她不买。
16.	卖 mài	…を売る	老张卖水果吗?	他卖。	他不卖。
17.	借 jiè	…を借りる	佐藤先生借钱吗?	他借。	他不借。
18.	还 huán	…を返す	佐藤同学还辞典吗?	他还。	他不还。
19.	来 lái	…に来る	佐藤女士来中国吗?	她来。	她不来。
20.	去 qù	…に行く	张太太去日本吗?	她去。	她不去。
21.	穿 chuān	…を着る	张先生穿西装吗?	他穿。	他不穿。
22.	脱 tuō	…を脱ぐ	佐藤先生脱大衣吗?	他脱。	他不脱。

注：7～22はコラボ型会話フレーズに用いる16個の動詞です。

著者

田中英夫

　北海道情報大学　教授

イラスト　梁志傑・夏寿淼

表紙・本文デザイン　メディアアート

誰でも簡単に話せる中国語日常会話

検印
省略

　　　　　© 2021 年 2 月 15 日　初 版 発 行
　　　　　　 2022 年 1 月 31 日　第 2 刷発行

著　者　　　　　　　　　　　田中英夫

発行者　　　　　　　　　原　　雅　　久
発行所　　　　　　株式会社　朝 日 出 版 社
　　　　　〒 101-0065　東京都千代田区西神田 3－3－5
　　　　　　　　　　電話(03)3239-0271・72(直通)
　　　　　　　　　振替口座　東京　00140-2-46008
　　　　　　　　　http://www.asahipress.com/
　　　　　　　　　　　　　　　　　　倉敷印刷